ASIOS（超常現象の懐疑的調査のための会）

「新」怪奇現象41の真相

—Skeptical Investigation of the 41 New Supernaturals—

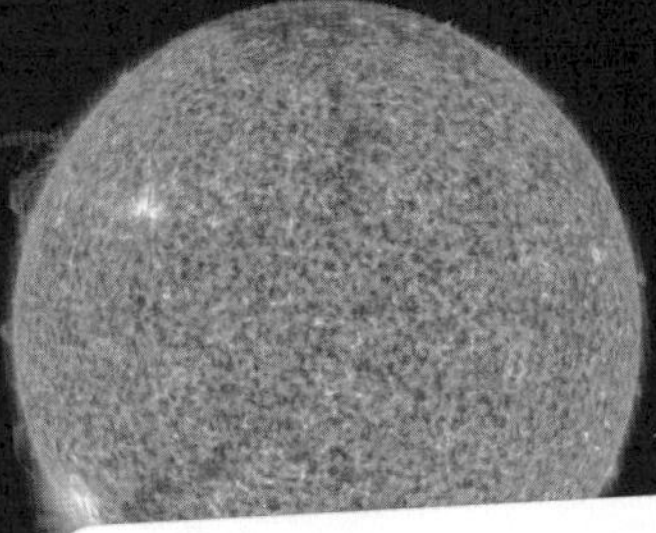

彩図社

【はじめに】新しいオカルト情報の時代

ASIOS代表　本城達也

2000年代以降でしょうか。動画投稿サイトで話題となったオカルト映像や、視聴者から投稿された不思議議映像を扱うテレビ番組が増えました。ネットのオカルト記事も盛んです。遠く離れた海外で起きた奇妙な出来事が、次の日には日本でも話題になっているということも珍しくありません。ネットやスマホなどの普及は、オカルト情報のグローバル化をもたらしたとも言えそうです。

さて、そんな新しい時代にあって、UFO、UMA（謎の未確認動物）、心霊、超能力、予言、オーパーツ（場違いな古代の遺物）、陰謀論が変わらず人々の興味をひきつけています。「小人が発見された！」「奇妙な発光体が飛んでいた！」「写真を撮ったら不気味な女性が写っていた！」など目撃証言だけではなく、鮮明な写真や動画が撮られている場合もあります。

しかし、テレビ番組やネット記事では、広く、浅く、早く、というのが主流ですから、あまり深いところまでは調べてくれません。それでは、真相が気になる人にとっては物足りなくなるでしょう。

そこでＡＳＩＯＳの出番です。ＡＳＩＯＳとは、日頃から超常現象に関する話題に興味を持ち、自ら調べている好事家たちの集まりです。私も設立当初から参加しています。

本書は、そんなＡＳＩＯＳが、近年、オカルト番組やネットなどで話題になっている奇妙な話を検証し、その結果をまとめたものです。扱っている項目は、２０００年代以降に話題になったものが中心となっています。一部、昔からある有名な事件なども扱っていますが、全体としては現在の主流に合わせて新しいものに重点を置くようにしました。

また、なかには調べても結局真相がよくわからないものもあります。そうした場合、無理に結論づけるようなことはしていません。各項目には参考資料が明記されていますので、気になる方は、ぜひご自身でも調べてみてください。

なお本書では、わかりやすくするために、各項目を「伝説」と「真相」という2つのパートに分けています。まず「伝説」で一般によく紹介されている情報をまとめ、「真相」では各担当者が調べた結果を報告するという構成です。規定のページ数があるため、すべての情報を盛り込めたわけではありませんが、できる限りのことはしたつもりです。本書が、この新しいオカルト情報の時代にあって、何かしらのお役に立てることを願ってやみません。

２０２０年6月

「新」怪奇現象41の真相~目次

【第二章】宇宙からの来訪者「UFO事件」の真相

【第三章】人類の未来を見通す「大予言」の真相

【第一章】

世界を騒然とさせた

「怪奇・超常現象」の真相

怪奇現象FILE 01

【世界中で2000人以上が遭遇した正体不明の人物】

夢に現れる謎の男「THIS MAN」

伝説

2006年1月、アメリカ・ニューヨークのよく知られた精神科医のもとに、1人の患者が訪れた。

「最近、夢の中に見知らぬ男性がよく現れるんです」

彼女はそう言って、その男性の似顔絵を描いて見せた。女性によると、この似顔絵の男性は、夢の中で彼女のプライベートに関するアドバイスをしてくれるのだという。しかし彼女は、その男性に会ったことは、これまでまったくないとも言う。

ただの夢だったのだろうか。相談を受けた医師は、何か特別な治療が必要だとは考えず、似顔絵のこともしばらく忘れていた。ところが、それからしばらく経ったある日、別の男性患者が来院し、同様のことを話し出す。彼も夢の中に同じ男性が現れるというのだ。しかも、その顔を描いてもらったところ、先の女性が描いた絵とほぼ同じだった。
これは偶然だろうか？　さすがに不思議に思った医師は、同僚の医師たちに似顔絵を送り、情報を求めた。すると数ヶ月以内に、同様の報告をする患者が4人も現れた。

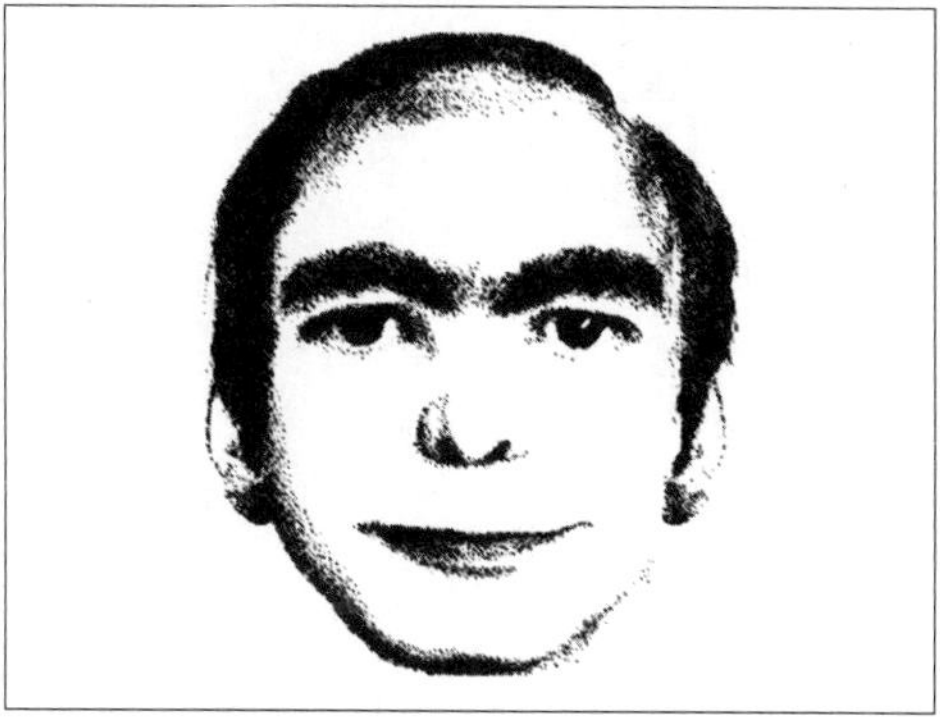

世界中の人々の夢に現れるという「THIS MAN」のモンタージュ写真（「EVER DREAM THIS MAN?」より）

　もはや偶然ではない。彼らが描く似顔絵もそっくりだった。この夢に現れる謎の男は、「ＴＨＩＳ ＭＡＮ」（ディス・マン）と名付けられる。

　ＴＨＩＳ ＭＡＮに夢で出会ったという人は、これまでに世界中で２０００人を数える。その報告は、ロサンゼルス、ベルリン、サンパウロ、テヘラン、北京、ローマ、バルセロナ、ストックホルム、パリ、ニューデリー、モスクワなど様々だ。

　夢での出会いも次のように、いろいろなパターンがある。

「夢の中で会った彼は、サンタクロースの格好をしていました。私は、まるで少女のように喜び、幸せな気持ちになりました」

「私が空を飛んでいたら、彼に出会いました」

「鏡を見ていると、メガネをかけたＴＨＩＳ ＭＡＮが、私のことをじっと見ていたんです」

などなど。夢の中のＴＨＩＳ ＭＡＮに共通点はなく、夢を見る人たちにも共通点は見つかっていない。

ＴＨＩＳ ＭＡＮは、なぜ夢に現れるのか、彼は一体何者なのか。現実世界にも存在するのか。これまでのところ、彼に関する有力な情報は得られていない。

真相

太く特徴的な眉、大きな瞳、やや後退した生え際。ＴＨＩＳ ＭＡＮは一度見たら、すぐには忘れそうもない、印象的な顔立ちをしている。

そのためか、夢で見たことがある、という人は世界中にいるそうだ。

彼は一体何者なのだろうか？　そもそも実在するのだろうか？

調べてみたところ、彼の正体はすぐにわかった。いや、正確には、**ＴＨＩＳ ＭＡＮの仕掛け人の正体**といった方が正解だろうか。

実は、THIS MANの由来に関する話は、**すべて作り話**だった。最初に相談を受けたというニューヨークの有名な精神科医は存在しない。相談をもちかけたという女性も同じ。その他の登場人物や設定も同様である。

アメリカのテキサス州で実際に貼りだされたチラシ。情報は世界中に拡散された。(「EVER DREAM THIS MAN?」より)

話を作り上げたのは、**アンドレア・ナテッラというイタリア人**だ。ナテッラは、「KOOK」(クック)という広告代理店の社長を務めている。この会社は**バイラル・マーケティング**という手法を得意とし、ナテッラはその専門家だという。

バイラル・マーケティングとは、客が商品やサービスを連鎖的に広めるように仕向けるプロモーション手法のことで、THIS MANは、その手法によって**情報が世界的規模で広まることを実証するために企画されたプロジェクト**だった。

案の定、このプロジェクトは大成功する。THIS MANの話を広めるために作られた公式サイトは、これまでに**20億アクセスを記録**し、情報を求めるチラシは、世界35カ国語に翻訳された。

もともと「バイラル」には、「ウィルス性の」という意味があるが、その名のとおり、感染するように口コミで広がっていったわけである。

ちなみに、ナテッラの会社「ＫＯＯＫ」の社名は、その意味が英語では**「変人」**になる。ＫＯＯＫの公式サイトにも、一クセあるコンテンツが並んでおり、独創的なアイデアとユーモアが感じ取れる。ナテッラと「変人」の名を冠した彼の会社なら、今後また、世界規模の面白いプロジェクトを仕掛けてくるかもしれない。期待しておこう。

（本城達也）

※本稿を執筆するための調査にあたり、イタリア語の翻訳では、友人のドリス・ラヤ氏にお世話になった。記して感謝の意を表したい。

■参考資料：
「EVER DREAM THIS MAN?」（ＷＥＢ）
「Kook Artgency」（ＷＥＢ　※現在リンク切れ）
James Cook「When déjà vu is just a marketing stunt online」『The Kernel』（ＷＥＢ）
Andrea Natella「VIRAL 'K' MARKETING」（Kook Aartgency）

怪奇現象FILE 02

【スタジアムに現れた高速移動する謎の人影】

ボリビアの怪人「シャドーマン」

伝説

2014年、インターネットである動画が話題となった。

動画の撮影地は、南米ボリビア。サッカーの試合中に、競技場の観客席を撮影した映像なのだが、そこに幽霊のような謎の物体が映り込んでいるのである。

その物体はぼんやりとした影のような形をしており、スタジアムの客席の間をかなりの速さですり抜けていく。スタジアムにつめかけた観客は、その影に気づかないのか、サッカー観戦に熱中している。

この映像は、2006年頃から世界中で目撃されるようになった「シャドーマン」の姿をとらえたものではないかとされる。シャドーマンとは、実態が曖昧な影のような怪人で、時折姿を現しては、災いをなすとされる。シャドーマンは本当に存在したのだ。

観客席に現れたシャドーマン（左）、右側に座った３人組の観客の方に走り出すが、観客をすり抜けて進んでいるように見える（※①）

真相

この動画は２０１４年12月放送のテレビ朝日「ビートたけしの禁断のスクープ大暴露‼　超常現象㊙Xファイル」で紹介されたため、覚えている人もいることだろう。

映像は、ボリビアのラパスにあるエルナンド・シレス競技場で、２０１４年４月17日に撮影されたものである。

この日、スタジアムでは地元サッカーチームとウルグアイのチームとの間でコパ・リベルタドーレスの試合が行われていた。その試合中継で客席にカメラが向けられたときに偶然、謎の人影が映ったのだ。

さて、問題の映像だが、たしかに「怪奇現象」として紹介される部分には、観客席を通り抜ける人影が映っている。では、本物の怪奇現象なのかというとそうではない。

実はこの時、**観客席を映したカメラは別にもあった。**そのカメラには**「客席の階段を普通に下りてくるシャドーマ**

別のカメラがとらえた階段を下りてくる黒っぽい服を着た観客。この観客がシャドーマンの正体だった。右写真はその観客が走った通路。

ン」が映っているのである。階段を下りるなど、謎の怪人にしてはやけに行動が平凡だ。

映像では観客席をすり抜けたように見えるシャドーマンだが、競技場を別角度から撮影した写真を見ると、ちょうど**シャドーマンが駆け抜けた位置に通路がある**のが確認できる。

つまり、「シャドーマンの映像」の正体は、**出入り口から降りてきた普通の観客が客席の通路を走っているところが映っただけ**、というなんでもないものだったのだ。影のように見えたのも、黒っぽい服を着た人物が、やや薄暗い観客席を駆け抜けたため、不鮮明に映っただけにすぎない。

周囲の観客が気にも留めないのも、けっしてシャドーマンが見えていないからではない。その場にいた観客にとって「シャドーマン」は他に数万人いる観客の1人にすぎないので、特に気に留める必要がなかっただけのことである。

もっとも、一社会人として言わせてもらえれば、人が大勢いる競技場の観客席を走るべきではない。手すりもない階段状の観客席で人にぶつかったりしたら大変に危険である。そこのところを、ぜひシャドーマンにも分かっていただきたいところだ。

ちなみにこの動画の他にも「シャドーマン」を撮影したとされる写真や映像がいくつか公開されているが、**合成にしか見えないもの**や、**単に人の影が映り込んだだけにしか見えないもの**もある。それらの解明は、謎の怪人というよりも**「心霊写真」として調査**することの方が妥当であろう。

（横山雅司）

■注釈

①画像の出典……p16の画像と17の左画像は「? FANTASMA EN EL ESTADIO DE SILES CAPTADO POR FOX SPORTS?」、p17の右画像は「Debunked: Video of ghost running through football stadium in Bolivia」より。

■参考資料：

「¿ FANTASMA EN EL ESTADIO DE SILES CAPTADO POR FOX SPORTS?」（WEB）
「Debunked: Video of ghost running through football stadium in Bolivia（Metabank.org）」（WEB）

怪奇現象FILE 03

【メキシコの遺跡で撮影された不気味な光の写真】

マヤのピラミッドから伸びる光の柱

伝説

2009年7月24日、メキシコのチチェン・イッツァ遺跡[※①]にそびえるピラミッド「カスティーヨ」を観光客が撮影したところ、驚くべきものが写った。

ピラミッドの頂上から、ピンク色の光の柱が空高く伸びていたのである。

この写真を撮影したのは、エクトール・シリエサルという人物。彼は妻と子ども2人と一緒にチチェン・イッツァ遺跡を訪れた際、記念に3枚の写真を撮影。そのうちの1枚に、今回の不思議な光の柱が写っていたという。

残念ながら肉眼では見えなかったそうだが、もし光の柱が高波動のエネルギーであれば無理もない。人間の目では、高い波動の光はとらえられないからだ。

古来ピラミッドには、宇宙からのエネルギーを受け取る受信機としての役割や、地球に蓄えられたエネルギーを宇宙に向けて発信する送信機としての役割があったとされる。近年話題のパワー・スポットなども、こうしたエネルギーの送受信機能を有しているともいう。

おそらくマヤの人たちは、チチェン・イッツァ遺跡周辺がパワー・スポットであることを熟知しており、カスティーヨもそのパワーを活用するために建設されたに違いない。

残念ながらマヤ文明は滅びたものの、パワー・スポットに眠るエネルギーは今も活動を続けている。今回の写真は、その活動の瞬間をとらえた、奇跡の1枚だったのである。

真相

マヤのピラミッドに光の柱、あるいはビーム。なんとも画になる組み合わせではないだろうか。そのよく出来た構図に、思わず偽造を疑ってしまうほどである。

しかし調べてみると、**偽造ではないことがわかった**。かといって、パワー・スポットのエネルギーを送受信する瞬間をとらえたというわけでもなかった。

今回の写真は、**カメラの仕組みに原因があった**のである。もともと写真は、ｉＰｈｏｎｅによって撮影されていたという。ｉＰｈｏｎｅには、**CMOS（シーモス）イメージ・センサー**が搭載されている。ＣＭＯＳイメージ・センサー（以降ＣＭＯＳ）とは、デジタル式のカメラに搭載されているイメージ・センサーの一種で、レンズから取り込んだ光を電気信号に変換するデバイスのこと。従来のフィルム・カメラでいえばフィルムに相当し、人間の目でいえば網膜に相当する。

エクトールが撮影した神秘的な「光の柱」（※②）

一般に写真は、カメラのシャッターを押すと、フレーム内のすべての情景が同時に撮影されると思われている。これは他のイメージ・センサーの一種であるＣＣＤの場合、そのとおりであるものの、ＣＭＯＳでは状況が異なってくる。

ＣＭＯＳでは、すべての情景が同時に撮影されるのではなく、[※③]**画素の列に沿って順番に撮影**されていく。この作業は、時間でいえばとても短い。とはいえ同時ではないため、どうしても列ごとに時間差は生じてしまう。たとえば右から左に撮影されていく場合、右側は早く、左側は遅くなる。

では、この撮影中に、被写体に変化が起きたらどうなるだろうか。そう、**変化の様子が列ごとに記録**

されてしまうのだ。

実は、これが今回のピラミッドの撮影で起きたことである。撮影時、現場では空に雷雲が広がり、遠くでは何度も雷が鳴っていた。撮影者のシリエサルによれば、そのとき、**「ピラミッドと雷」**を一緒に撮影したくて、何枚か写真を撮っていたという。

そこでタイミングよく撮れたのが今回の写真だった。

雷が光るときは一瞬である。それはCMOSの撮影時間よりも短い。そのため、次のようなことが起きる。

まず、シャッターを押すと、右の列から撮影が始まっていく。次に中央付近にさしかかった頃、雷によって空が一瞬明るくなる。これが「光の柱」の部分で、柱のようにきれいな直線状になっていたのは、**画素の列に沿っていたから**である。そして、光が消えて元の空になると、それは左側に撮影されていく。こうして写真には、**「雷**

横に２本並んだ例。これも雷が原因（※④）

が光る前」、「光った時」、「消えた後」の三つの空の様子が記録される。これが今回の写真の正体だった。

ちなみに調べてみると、こうした写真はメキシコ以外でも、日本を含め、世界中で撮影されていることがわかった。ＣＭＯＳはｉＰｈｏｎｅの他に近年のデジタルカメラにもよく搭載されている。そのため、同様のシチュエーションでは光の柱が写るケースも出てくるようだ。

こうしたケースでは、背景の空が明るくなる。しかし前景にある建物などはその影響を受けないため、変化は起きない。すると、建物の上空だけ明るくなっているように見え、結果的に**その建物の屋根から光の柱が伸びているようにも見えてしまう**。

もしその建物がピラミッドなどであれば、とても神秘的に見えるはずだ。今回のケースは、そういった意味でも不思議さが増したと考えられる。

またタイミングも良かった。雷が光るタイミングが少しずれていれば、ピラミッドと同じ列にはならなかったはずだ。それは狙って撮れるものではない。偶然ではあるにせよ、**非常に珍しい瞬間をとらえた貴重な写真**であったことは確かである。

（本城達也）

■**注釈：**

※①**チチェン・イッツァ遺跡**……メキシコのユカタン半島に残されたマヤ文明の遺跡。広大なジャングルの中に神殿や天文台などが点在している。１９８８年には世界遺産に登録された。

※②**画像の出典**……「Mayan Light Beam Photo: Message from Gods, or iPhone Glitch?」

※③**画素**……画面を構成する小さなマス目のこと。画素数が多いほど細かな描写が可能になる。

※④**画像の出典**……「Solved: Strange Beam of Light over Mayan Temple and Florida [Lightning + Rolling Shutter Artifact]」

■**参考資料：**

浅川嘉富「チチェンイッツアの光の柱」（ＷＥＢ）

Natalie Wolchover「Mayan Light Beam Photo: Message from Gods, or iPhone Glitch?（live science）」（ＷＥＢ）

Metabunk.org「Solved: Strange Beam of Light over Mayan Temple and Florida [Lightning + Rolling Shutter Artifact]」（ＷＥＢ）

ソニー「技術情報：ＣＭＯＳセンサーについて」（ＷＥＢ）

蚊野浩「デジタルカメラの画像処理入門（京都産業大学）」（ＷＥＢ）

怪奇現象 FILE 04

【頻発する心霊現象！ 悪霊に取り憑かれたイギリスの港町】

ウィッタブルのポルターガイスト

伝説

ロンドンから車で2時間ほどの距離にあるイギリス南東部の港町ウィッタブル。2013年7月、この町にある「ウィッタブル・ニュートリション・センター」という健康食品を扱う店で、監視カメラが奇妙な現象をとらえた。

カメラの映像には、店内の棚から商品を手に取る男性の姿が映っている。何でもない普通の光景だ。

ところが、その直後、男性の背後で信じられないようなことが起きる。突然、赤い色の紅茶の箱が、背後の棚から横にスライドしていき、そのまま宙に浮いてしまうのだ。

すると今度は、商品を見入っている男性の右前方の棚から、黄色の紅茶の箱が勢いよく飛び出し、床に落ちる。男性は落ちた紅茶の箱に気づき、それを拾い上げるが、その直後、背

ウィツタブルの街並み

後で浮いていた赤い紅茶の箱も床に落ちる。

男性は、なぜ紅茶の箱が落ちたのか、よくわかっていない。しかし監視カメラの映像は、男性の周囲で、まさにポルターガイスト[※①]現象が起きていたことをはっきりととらえていた。

この映像を撮影した店の店主、ミッシェル・ニューボールドは次のように語る。

「今まで店をやっていて、このようなことは初めてでした。私は当惑しました。信じられません。どのように起きたのかもわかりません。完全に謎です」

実はウィツタブルでは、この他にも怪奇現象がいくつも報告されている。町自体が何かに取り憑かれているのだろうか。謎は深まるばかりである。

真相

商店の監視カメラがとらえたポルターガイスト現象。男性客の背後に浮かぶ紅茶の箱（左）。続けて別の紅茶の箱が男性の横を落ちていく（右）（※②）

このウィッタブルのポルターガイスト映像は、その奇妙な現象が反響を呼び、ＹｏｕＴｕｂｅにアップされるや否や、あっという間に世界中に広まった。**日本のオカルト番組でも何度か紹介された**ことがある。ご覧になった方もおられるかもしれない。

問題の映像では、特に赤い箱の方が奇妙だ。横にスライドしていくのはもちろん、空中で完全に浮いている。目の錯覚などではない。一体、何が起きたのだろうか？

その答えは、スコットランドのマジシャンコンビ、**バリー・ジョーンズとスチュワート・マクラウドが知っている**。彼らはナショナル・ジオグラフィック・チャンネルの番組[※③]「ザ・ハプニング（THE HAPPNINGS）」に出演し、その真相を明らかにした。

彼らによれば、ウィッタブルのポルターガイスト映像は、**番組の企画で仕組んだもの**だったという。もともと先の番組は、マジシャンの2人がトリックなどを駆使し

下の二つの画面に映っている黒い服を着た人物が、仕掛け人のバリー・ジョーンズとスチュワート・マクラウド

て、アメリカやイギリスの町の人たちに、超常現象が起こっていると思い込ませることを目的としていた。

エピソードはいくつかあり、ウィッタブルの町がターゲットになったのは、**「取り憑かれた町」**と題された回だ。ポルターガイストの映像は、町でニセの心霊現象を起こす前に、いわゆる**「つかみ」の役割を果たすために用意されたもの**だったという。

ところが、ややこしいことに、この番組では、その大部分でサクラを使ったマジックや映像編集のトリックなどが多用されている。

一般人を信じ込ませるという触れ込みながら、本当は番組自体がサクラを多用したフェイク・ドキュメンタリーになっているのである。最終的なターゲットは視聴者自身というわけだ。

とはいえウィッタブルのポルターガイスト映像は、**仕組まれたトリック映像であることに変わりはない。**[※④]

実は監視カメラの別の映像では、**仕掛け人の2人も映っている**。あとでわかるように、わざと映り込むようにしていたのだ。

また店主のミッシェル・ニューボールドのコメントにも仕掛けがあった。彼女は本当の感想を述べたのではなく、**あらかじめ用意されていたコメント**を述べていた。番組の秘密を保持する契約書にサインしていたため、メディアからの取材では、イタズラであることを話せなかったのだという。

こうして手の込んだ企画は〝ポルターガイスト現象をとらえた〟という触れ込みの映像を生みだし、世界中に拡散していった。

現在、もとになった動画では、番組への誘導が行われているが、その真相はあまり広まっていない。火のないところに煙を立ててはみたものの、**一度あがった煙を消すことはなかなか難しい**ようである。

（本城達也）

■**注釈**・・

※①**ポルターガイスト現象**…物などが勝手に動いたり、奇妙な音が発生したりする現象。名前は、ドイツ語で「騒がしい霊」を意味する言葉「Poltergeist」が由来になっている。

※②**画像の出典**……ｐ27、ｐ28の画像ともに「Whitstable paranormal activity is first glimpse of The Happenings」より。

※③**ザ・ハプニング**……日本では２０１４年と翌年の11月に放送された。エピソードは「宇宙人の侵略」「シックス・センス」「取り憑かれた町」「ヴァンパイアの存在」の４つ。

※④**トリック映像**……ジョーンズとマクラウドはマジシャンであるため、タネ明かしまではしていない。ただし海外では再現映像は撮られており、透明のアクリル板や糸などを使ったのではないかと考えられている。

■参考資料：

「Whitstable paranormal activity is first glimpse of The Happenings」（ＷＥＢ）

Anna Edwards「The ghost of Earl Grey? Spooky goings-on in corner shop as CCTV appears to show boxes of teabags floating down the aisles（Mail Online）」（ＷＥＢ）

Jamie Bullen「Floating tea bags brewing ghost fears at Whitstable Nutrition Centre（Kent Online）」（ＷＥＢ）

Jamie Bullen「Tea bag poltergeist at Whitstable Nutrition Centre exposed as fake by TV magicians Barry Jones and Stuart MacLed for The Happenings（Kent Online）」（ＷＥＢ）

「The Happenings（National Geographic Channel）」（ＷＥＢ）

怪奇現象 FILE 05

【イギリスの宮殿で撮影した写真に不気味な人影が！】

宮殿に現れた悪霊「グレイ・レディ」

伝説

２０１５年2月、イギリスのハンプトン・コート宮殿[※①]を見学中の少女たちが、不気味な幽霊のようなものを撮影した。

12歳の少女、ホリー・ハンプシャーと、同い年のいとこ、ブルック・マギーは、宮殿内を見学中に持っていたｉＰｈｏｎｅで写真を撮影したところ、画面の中央に見知らぬ奇妙な女性が写っていたという。その女性はとても背が高く、腰より下まで伸びる長い髪があり、ロング・ドレスを着ているようだった。

撮影者のブルックによれば、当時、部屋には彼女といとこ以外、誰もいなかったという。すぐ後に撮影した2枚目の写真では奇妙な女性の姿はなく、振り返ったホリーの姿だけが写っている。奇妙な女性は一体どこに消えたのか？

1枚目の写真。中央に見えるのがグレイ・レディ（※②）

ブルックは新聞社の取材に次のように答えている。

「まったくゾッとさせられました。私は何も見ていません。よく幽霊が現れるときは部屋が寒くなると言いますが、私たちにはわかりませんでした。でも、あれ以来、よく眠れません」

実は、撮影場所となったハンプトン・コート宮殿では、幽霊の目撃談が昔から報告されていた。今回写った奇妙な女性も、1562年に同宮殿で天然痘が原因で亡くなった、シビル・ペンという看護師の幽霊ではないかと噂されている。

1829年に宮殿内の教会を再建する際、彼女のお墓が移動を余儀なくされてから、幽霊の目撃報告が続いているのだという。

ちなみに写真の専門家の鑑定では、問題の写真には加工の跡が見られなかったとされている。やはり、宮殿内をさまようシビルの霊が写り込んだのだろうか？

2枚目の写真。顔が映っているのがホリー。左に別の見学者が見切れている。

真相

今回、写真に写った幽霊のようなものは、通称**「グレイ・レディ」**と呼ばれている。これほど、はっきりした心霊写真も珍しい。海外では「デイリー・メール」や「ザ・サン」などイギリスの大衆紙を中心に大きく取り上げられ、日本でも話題になった。

その正体は一体、何だろうか?

それを考える上でヒントになるのは、ブルックたちが同じ時に撮影した2枚目の写真である。この2枚目の写真には、右端に、壁沿いに置かれた椅子が写り、反対の左端には、先の壁とは直角の壁沿いにあるドアが写っている。通常、iPhoneのカメラによる撮影では、**この椅子とドアを同じ画面内に収めることはできない**。角度が広すぎるからだ。

ところが2枚目の写真には、この2つが一緒に写っている。しかも右端の椅子は、**正面を向くような不自然な写り方**をしている。

こうした写り方は、**iPhoneのパノラマ撮影機能**を使ったときによく見られるものだ。パノラマ撮影機能では、カメラを左右に動かして撮影するため、通常より広い角度が撮影できる。本来は画面の外にはみ出してしまう場所も、パノラマ撮影機能を使えば画面内に収めることが可能になる。

2枚目の写真には、よく見ると、**左端にカバンを持って暗めの色の服を着た人物が写り込んでいる**ことが確認できる。

つまり、パノラマ撮影と部屋にいた第三の人物。これらから考えられるのは、パノラマ撮影中に**カメラの前を横切った人物がいて、それが「グレイ・レディ」を生み出した**、というものである。

もう少し詳しく解説しよう。まず、iPhoneのパノラマ撮影機能を使うとカメラは連写を行い、写真を合成していく。ところが、この撮影中に動くものがあると、合成がうまくいかず、おかしな写真が撮れてしまう。

よくあるのは、**被写体が半分ギザギザに削れてしまったり、ダブって写ったりするもの**である。グレイ・レディとされる写真も、こういった[※③]失敗写真である可能性が高い。

問題の写真の場合、とくに合成が失敗していると考えられるのは、グレイ・レディとされる人物の左半分である。そこで、その左側を隠してみたのが【写真3】だ。

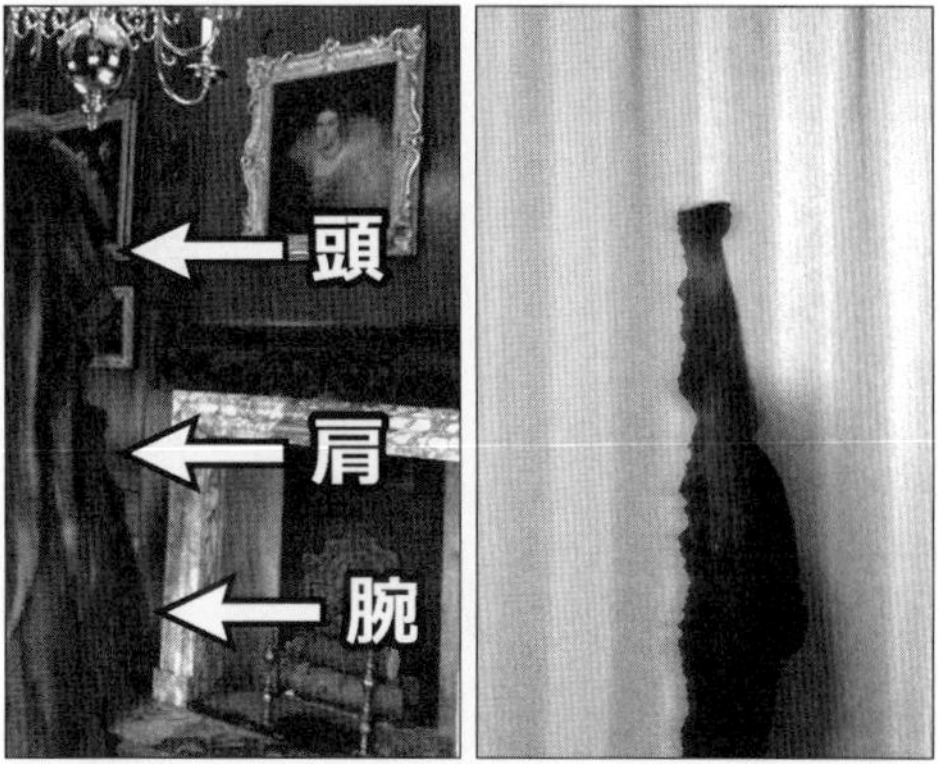

【左：写真3】こちらの右半分も合成は失敗しており、輪郭は少し崩れている。カメラの前を横切った人物は上半身しか写っていない。【写真4：右】被写体には背中を向けながらカメラの前を横切ってもらった（撮影：本城）

いかがだろうか。印象が変わったのではないだろうか。半分だけの写真では、濃紺の服を着て、髪は背中の中央あたりまでの女性が、カメラの[※④]すぐ近くにいるようにも見える。カメラのすぐ近くを通ったのなら、その人物が大きく見えるのは当然だ。

しかし合成の失敗により、特に左半分はギザギザに削れてしまったため、実際より細く見えることになった。また合成失敗によってできた人物のラインも絶妙な形をつくったことにより、結果として**偶然にも、「ドレスを着て離れた位置に立つ背の高いグレイ・レディ」の姿が出来上がった**と考えられる。

【写真4】は、実際にiPhoneのパノラマ撮影機能を使って被写体を動かし、**合成を失敗させてみたもの**である。全体のラインは、撮影の都度、形が変わるため、まったく同じものを再現するのは難しい。とはいえ、パノラマ撮影機能を使うと、こういった奇妙な写真が撮れてしまうことは、おわかりいただけるのではないだろうか。

なお同機能による他の失敗写真については、グーグルなどで**「パノラマ　失敗」**といったキーワードで検索すると、たくさん見ることができる。どれも奇妙な写真ばかりだ。並みの心霊写真では太刀打ちできそうもない。もしご覧になったことがなければ、ぜひ検索してみていただきたい。きっと楽しめるはずである。

（本城達也）

■注釈：

※①**ハンプトン・コート宮殿**……イギリスのロンドン南西部にある宮殿。16世紀にウルジー卿の館として建造。イギリス随一の美しい庭園があり、観光客が数多く訪れる。

※②**画像の出典**……p32、p33の画像ともに「Is this spooky apparition the Grey Lady of Hampton Court? Schoolgirls claim to have captured ghost of servant who died of small pox after nursing Elizabeth I at the palace」より。

※③**失敗写真である可能性が高い**……おそらく撮影を始めてすぐに横切られたため、そこで撮影を止めたと考えられる。この場合、カメラをあまり動かしていないため、画角は通常の写真とそれほど変わらない。

※④**すぐ近くにいるようにも見える**……暖炉の前には進入禁止を示すロープがあり、グレイ・レディはその内側に立っているとも言われる。しかし拡大してよく見れば、服に重なっているのは影のひとつで、ロープではないことがわかる。

■参考資料：

「Is this spooky apparition the Grey Lady of Hampton Court? Schoolgirls claim to have captured ghost of servant who died of small pox after nursing Elizabeth I at the palace (Daily Mail)」(ＷＥＢ)

Simon Keegan「Ghost of the Grey Lady caught on camera by school girls at Hampton Court Palace (Daily Mail)」(ＷＥＢ)

Mick West「Debunked: Hampton Court Ghost Photo [iPhone Panorama Glitch（Metabunk.org)」(ＷＥＢ)

怪奇現象 FILE 06

【ドライブ・レコーダーが記録した恐怖の映像】

警察官を襲う「森の妖精ノーム」

伝説

２０１０年、アメリカの警察署から衝撃の映像が流出した。その映像は、もともとパトロール中の警察車両に備え付けられたドライブ・レコーダーのものだった。

映像の冒頭には、夜間に幹線道路を走行するパトカーからの様子が映されている。この時点では何も問題は起きていない。ところが、しばらく走行した後、警官たちは不審な車が脇道に停車していることに気がつく。

その不審車の後ろに止まるパトカー。確認すると、それは2日前に盗難届が出ていた車だった。さっそく本部に無線で連絡する警官たち。

「こちら盗難車を発見しました。ナンバーは10‐43」

もう1人の警官はパトカーを降り、懐中電灯をかざしながら盗難車の確認に向かった。

突然トランクが開き、警官の前に現れた小人（左）。続いてもう１体の小人が現れる。（動画「Real Police Footage - Garden Gnomes Attack」より）

「おい！　なんか怪我した動物がいるぞ！」

そう大声をあげた警官は保護に乗り出す。ところが次の瞬間、彼はいきなり車中に引きずり込まれてしまったのである。

盗難車の車内では、懐中電灯の光が乱舞している。一体、何が起きたのか？

この緊急事態に、パトカーに残っていた警官もすぐに助けに向かうが、ここでまたしても思いもよらない事態が起こる。いきなり不審車のトランクが開き、そこから何者かが襲いかかってきたのだ。

よく見ると、それは体長数十センチで、赤い帽子を被り、緑の服を着ている。西洋の伝承にある小人の精霊[※①]「ノーム」にそっくりだった。

全部で3体はいるだろうか。彼らは次々に警官に襲いかかり、警官は銃を抜いて応戦しようとするも、小人たちの俊敏な動きに対応できず、なすすべもなく倒されてしまう。

ドライブ・レコーダーの映像は、ここで途絶えてしまうため、謎の小人集団や、暴行を受けた警官たちが、その後どうなったのかは明らかになっていない。

真相

この映像はフジテレビの「世界の何だコレ⁉ ミステリー」（2015年3月3日放送）でも紹介されている。オカルト番組をご覧になる方なら、ご存知かもしれない。

映像は比較的鮮明で、ノームらしき複数の小人が確認できる。警官が倒される際には、パトカーのフロントガラスに暴発した銃弾の穴らしきものまで空く。なかなかリアルだ。

真相はどうなっているのだろうか。調べてみたところ、**最初にYouTubeにアップされたと思われる動画**を見つけた。タイトルは**「Real Police Footage - Garden Gnomes Attack」**。本物の警察フィルムと銘打ってある。再生回数は100万回以上。かなり人気のようだ。

撮影日のテロップは、2010年4月8日となっている。ただし動画がアップロードされた日を見ると、2011年10月19日である。1年半後に流出したのだろうか？

しかし、ここで動画の投稿者の情報を確認してみたところ、他にもう1本、別の動画がアップされていることに気がついた。そちらのタイトルは**「Gnomes Attack !」（ノームズ・アタック！）**。投稿日は２０１１年11月15日。動画は先のオリジナルより18秒長くなっており、最後に**「Gnomes Attack !」のロゴ**と、血のついたシャベルが映し出される。そして、**「COMING 2013」**の文字が続く。

「Gnomes Attack !」の最後に表示されるタイトルロゴ

　はて、これは一体何だろうか？　まるで映画か何かの告知のようだ。それもそのはずで、動画の説明文を読んでみると、そこには、**「今度の映画『ノームズ・アタック！』のための**※②**ティーザー」**と書いてある。

　つまり今回の動画は、映画本編のための広告であるらしい。ただし詳しいことはよくわからない。そこで確認のため、動画情報に登録されていた**「ScreenInvaders」（スクリーン・インベーダーズ）**という投稿者について調べてみることにした。

　すると、この投稿者は、**オーストラリアの映画制作会社**であることがわかった。会社の公式ホームページで、「最近のプロジェクト」のページで、「ノームズ・アタック！」のティーザー動画が紹介されている。映画のジャンルとしては、**コメディ、ホラー、アドベンチャー**になるという。

上映時間は100分の予定で、プロデューサーには、ジョエル・コーンとジョシュ・バットという名前が記されている。この2人はスクリーン・インベーダーズの所属である。

また海外の映画情報サイトによれば、もともとこの映画は、ロバート・ゼメキス※③による同種の小人をテーマにした映画に先行するかたちで企画されたものだったという。

ゼメキスは、『How To Survive A Garden Gnome Attack』（邦訳『庭のこびと〝ノーム〟から身を守る方法』）というベストセラー小説をもとにした映画を2011年頃に企画しており、**これに便乗したのが「ノームズ・アタック！」**であるという。

スクリーン・インベーダーズは大手の制作会社ではない。大手でなければ、それほど広告にお金はかけられない。そこで本編を制作する前にティーザー動画をつくり、最初は完全に情報を隠すことで世界中に拡散させ、次に映画のタイトルを入れて宣伝をする。2本目も広まれば、少ない費用で宣伝できるわけだ。

ところが、ここで誤算があった。1本目は100万回以上の再生数を数えたものの、映画のタイトルが入った2本目のティーザー動画は、**視聴回数が1万5000回ほどしかいかなかった**のである。「真相」より「伝説」の方が広まりやすいというのはよくあることだ。それにしても、これでは宣伝にならない。予定では2013年公開となっていたものの、スクリーン・インベーダーズの公式サイトでは、**いまだに公開情報はない**。念のためメールで問い合わせてもみたが、**残念ながら返信はなかった**。どうやら、ポシャったようである。

（本城達也）

■注釈：

①ノーム……伝説上の大地を司る精霊。赤いトンガリ帽子をかぶった姿で描かれることが多い。

②ティーザー……商品の情報を小出しにして、客の興味をひこうとする広告手法のこと。

③ロバート・ゼメキス……「バック・トゥ・ザ・フューチャー」シリーズで知られる、アメリカの映画監督。2020年5月現在、『How To Survive A Garden Gnome Attack』はまだ映画化されていない模様。

■参考資料：

ScreenInvaders「Real Police Footage - Garden Gnomes Attack（YouTube）」（WEB）
ScreenInvaders「Gnomes Attack！（YouTube）」（WEB）
「Screen Invaders 公式サイト」（WEB）
Steve Barton「Gnomes Attack Police in Australia !」（WEB）
Brad Miska「'Gnomes Attack!' Aussie Police !」（WEB）

怪奇現象FILE 07

【不気味に鳴り響く「終末」を告げる奇怪な音】

アポカリプティック・サウンドの謎

伝説

空からトランペットを吹き鳴らしたような不気味な音が鳴り響く「アポカリプティック・サウンド」（終末の音）という現象が世界中で起きている。

報告される怪音はどれも似ており、不気味な現象が世界規模で起きていることをうかがわせる。一説には、「終末の音」という名前のとおり、世界の終わりを知らせる音ではないかともいう。

なぜなら新約聖書の『ヨハネの黙示録』には、7人の天使がラッパを吹き鳴らすとキリストが復活し、最後の審判が行われ、世界の終末が訪れるという預言が記されているからだ。つまり、世界中で報告されているアポカリプティック・サウンドは、その終末の到来を告げるものかもしれないのである。

キエフの動画に収められている現場の様子（※①）

真相

●きっかけはキエフの動画

アポカリプティック・サウンドを記録したという動画には、特に有名なものが2つある。

ひとつは2011年8月11日のウクライナ・キエフの動画。もうひとつは2013年8月29日に、カナダのブリティッシュ・コロンビア州テラスという町で記録されたという動画である。

このうち、キエフの方は**最初に有名になったアポカリプティック・サウンドの事例**だ。

音も低くうなるようなラッパ音らしきものになっていて、今日、「アポカリプティック・サウンド」と言われてイメージされる音を作ったともいえる。いわば元祖的な存在である。

そこで、まずここではキエフの動画から検討していきたい。この動画が投稿されたのは2011年8月11日。マンションの5階あたりから外の様子を撮影したもので、約11分にわたり、断続的に大きな怪音が聞こえる。

一体、この怪音の正体は何だろうか？　海外で指摘されているものは主に2つある。ひとつは、**工事で使われていたクレーンなどの重機がきしむ音**ではないか、というもの。動画の音をよく聞いてみると、怪音の合間に「ガシャン、ガシャン」という重機の音が何度か確認できる。付近で工事は行われていたようだ。ただし、具体的に現場が特定されたわけではなく、推測の域は出ていない。

もうひとつは、**映画のバイラルマーケティング**だったのではないか、というもの。実は2011年には「**レッド・ステイト**」※②というキリスト教の超保守思想を扱った映画が公開されており、この映画の終盤では、天使のラッパを模した音が流される。その音が、キエフの怪音とよく似ているというのだ。聞き比べてみると、確かに似ている。

ヨーロッパの国々で同映画が上映されたのは、キエフの動画が公開された8月11日前後と9月。時期は近い。映画で扱っている終末思想とリンクさせ、公開規模の小さかった同映画が注目されるようにしたものではないかという。ただし、制作サイドはバイラル・マーケティングを公表してはおらず、これも推測の域は出ていない。

カナダ・ブリティッシュ・コロンビア州テラス市で撮影された動画（※③）

おそらくこうして確証が得られにくいのは、ウクライナの公用語がウクライナ語であることと関係しているのかもしれない。仮に地元で詳しい調査が行われていても、ウクライナ語では内容が伝わってこないからだ。日本のオカルト事例を日本語で書いても、海外に伝わりにくいのと同じである。

●テラスの事例

次に、もうひとつの有名なテラスの事例。こちらで怪音が聞かれたのは2013年8月29日。3人の住民が怪音を記録している。

その正体については、市の報道官、アリサ・トンプソンの報告が役に立つ。彼女によれば、**グレーダー（地ならし機）が地面を削る際に使うブレード（排土板）が原因**だと考えられるという。

実はテラスで怪音が聞こえた同じ頃、現場のすぐ近くの場所で、市の職員が、曲がってしまったブレードを平にするために研ぐ作業を行っていたのだという。このとき、非常に奇妙な音を出していたというのだ。

たしかに、重機のブレードがこすれるときの音は、テラスで聞かれた音と似ている。**「キー、ギー、ブォー」と何か金属がこすれるような大きく耳障りな音だ**（電車のブレーキ音が少し近いかもしれない）。怪音の原因としては納得しやすい。

なお、この事例で怪音の原因を作った当事者が名乗り出ることができたのは、複数の報告と問い合わせ、それに地元メディアの報道があったからだと考えられる。

フェイクなどではなく、実際に何かが起きていた場合、広く報道された方が当事者も気づきやすい。次でも紹介するように、こうした事例は後々解明されやすいのである。

●大ざっぱなくくり

アポカリプティック・サウンドとして報告されている事例は、キエフとテラスの事例以外にもある。それらについてはどうだろうか。

たとえば、２０１１年3月9日にアメリカのフロリダ州ウッドビルからクロウフォードヴィルにかけての地域で聞かれた怪音。これはフロリダのタラハシー国立気象局の調査によれば、**「ダクティング」という現象が原因**だと考えられるという。ダクティングとは、特殊な気象条件下で、大気と地表との間を音が反射しながら進む現象である。このとき、音は異常に長い距離まで届くようになるため、遠方で発生している雷の音などが普通とは違ったように聞こえることがあるのだという。

また他には、2012年12月6日に、アメリカのダラスからオクラホマにかけての地域で大きな怪音が聞かれた事例。この原因は、ロッキード・マーティン社がテストしていた**超音速機による衝撃波の音**だった。同社の報道官が後日、明らかにしている。

さらに2013年6月6日にイギリスのロンドン近郊で報告された怪音では、当時、現場付近で行われていた**線路の保守作業時の音が原因**だったと地元メディアが報じている。

このように、一口に「アポカリプティック・サウンド」といっても、その中身は様々である。※④音が違えば原因も違う可能性がある。数は多くとも、それは括りが大ざっぱなために雑多なものが集まりやすいということでもある。

●横行するパクリ動画

とはいえ、ネット上でいくつか代表的な事例がまとめて紹介されている記事などでは、明らかによく似た事例が複数紹介されていることがある。しかし今回の調査にあたり、徹底的に聞き込んでみたところ、実際には**フェイクやパクリ動画がいくつも含まれている**ことがわ

映画「宇宙戦争」をネタにした動画。雨で外の景色がかすむ中、画面左端にトライポッド（右）が一瞬映る。なかなか面白い映像である（※⑤）

かった。

具体例を挙げよう。たとえば２０１１年8月17日に、ウクライナのリヴィウで撮られたという動画。この動画では、降りしきる雨の様子を家の窓から撮影している。すると、どこからともなくアポカリプティック・サウンドが鳴り響く。

これは２００５年に公開された**映画「宇宙戦争」**[※⑥]のネタを使った作品である。同映画では、トライポッドという３本足のロボット兵器が登場するが、その登場シーンでアポカリプティック・サウンドに似た音が流れるのだ。

次は２０１１年9月16日に、デンマークで撮影されたという動画。これは背後の音も合わせてよく聞くと、**キエフの動画の32秒頃からの音とまったく同じ**であることがわかる。つまりパクリである。

続いて２０１２年1月12日に、カナダのアルバータ州で撮られたという動画。これもよく聞けば、**キエフの動画の**

26秒付近からの音をパクっていることがわかる。音質が異なっているため、編集段階で音を被せたものではなく、その場で音楽再生機器から音を流していたのだと思われる。

次は２０１３年1月13日に投稿された動画。場所はアメリカのテキサス州だという。これも、**キエフの動画の2分17秒からの音を使っている**。ただし途中で鳥の大きな鳴き声が入っている前後数秒はカットされている。さすがにすぐバレるかもしれないと思ったのだろうか。

もうひとつは、２０１２年に東京で撮られたという動画。部屋の中から外の様子を撮影していると、奇妙な音が鳴り響く。これは動画を最後まで見ればヒントが隠されていることに気がつく。

カメラが部屋の中を映す際、パソコンの画面とスピーカーが映るのだ。そのパソコン画面にあるのは、**アップル社の「ロジック・スタジオ」**という音楽制作・編集ソフトの作業ウィンドウである。動画の投稿者は、同ソフトの使い方を解説した動画を他に大量にアップしており、おそらく問題の動画の音も、同ソフトを使って作られたものだと考えられる。

●すべてを説明する仮説は必要ない

さてこのように、アポカリプティック・サウンドとして報告されている事例の数々は、よく調べてみると、その原因も様々である。気象現象、飛行機、鉄道、重機、※⑦フェイクにパクり、などなど、バラエティに富んでいる。

これは空を飛ぶ不思議なものを「未確認飛行物体（ＵＦＯ）」という括りで集めたとき、様々な報告が集まり、その正体も様々に考えられることと似ているかもしれない。

すべてを説明する万能的な仮説は必要ない。**各事例にはそれぞれの原因が考えられる。**もちろん、中には情報が足りないなどで、真相がわからない場合もあるだろう。

けれども、それは個別事例の話であって、「アポカリプティック・サウンド」という、実は曖昧で不揃いな大枠の話とはあまり関係がない。

私たちの周囲には様々な音が溢れている。注目を集めるためにはイカサマを行う者もいる。おそらく今後もアポカリプティック・サウンドの報告は続くはずだ。

もしあなたがそれらを吟味するときは、大きな枠に惑わされることなく、ぜひ、**ひとつひとつ、じっくり聞き込んでいただきたい。そして聞き比べていただきたい。**きっと、それまでわからなかった特徴や違いがわかるようになるはずである。

（本城達也）

■注釈：

※①画像の出典……Кристина Русская「Strange sound in Kiev again Aug.11.11. Опять странный звук в Киеве」（YouTube）より。

※②**レッド・ステイト**……２０１１年制作。過激派カルト集団と権力の暴走がテーマのアメリカ映画。物語の終盤、信者と特殊部隊との間で行われた銃撃戦の中でラッパ音が吹き鳴らされる。信者たちはこれを終末の到来と捉え歓喜。しかし実際は教団に嫌がらせされていた地元大学生たちが、信者たちをぬか喜びさせるため、ネットで拾ったラッパ音と古いサイレンをつなげて大音量で流したものだった。

※③**画像の出典**……Kimberly Wookey「Strange Sounds in Terrace, BC Canada August 29th 2013 7:30am（Vid#1）」（YouTube）より。

※④**音が違えば原因も違う可能性がある**……ネット上では、２０１５年５月にＮＡＳＡがアポカリプティック・サウンドに対する説明を発表したという話が広まっている。しかし、これは誤り。元になったのは、電磁波をラジオアンテナで聞けば奇妙なノイズが聞こえるとＮＡＳＡが２００１年に書いた古い記事。アポカリプティック・サウンドとは何の関係もない。

※⑤**画像の出典**……Hokum「Strange sound in Lviv Aug.17.11. Странный звук во Львове 17.08」より。

※⑥**宇宙戦争**……宇宙人の地球侵略を描いた作品。主演はトム・クルーズ。監督はスティーヴン・スピルバーグ。原作は世界的によく知られたＨ・Ｇ・ウェルズの同名ＳＦ小説。

※⑦**フェイク**……本文で紹介した以外でも、たとえば象の鳴き声を加工する、竹串にゴム製のスーパーボールを刺して金属板をこする、「Jupiter - Nasa Voyager Space Sounds」というＣＤから流用するなどの指摘がある。いずれもアポカリプティック・サウンドとよく似た音が作り出せる。

■参考資料：

「世界各国の空に鳴り響く、恐ろしい爆音『アポカリプティック・サウンド（終末音）』の謎!!（TOCANA）」（WEB）
「Sky Trumpets and Humming Sounds Video List（strangesounds.org）」（WEB）
Mike McCall「"Tornado-like" Sounds Worry Residents Wednesday Evening」（WEB）
「Strange sounds in Terrace, B.C, spark stranger theories. But city staffer says there is a simple explanation（CBC News）」（WEB）
Sharon A. Hill「The Mystery of the Sky Noises」（WEB）
The Museum of Hoaxes「Sounds of the Apocalypse, aka Strange Sounds Heard Around the World」（WEB）
Zoe Forsey「Strange sounds reported in early hours over Sopwell, near Sopwell House」（WEB）
Zoe Forsey「Strange noise in Sopwell may have been caused by rail workers」（WEB）
「Supersonic flight tests cause of loud booms felt across Texoma（KXII News 12）」（WEB）
Jason Boyett「Are the "Strange Sounds" Videos a Hoax?（The Huffington Post）」（WEB）
Dave Burke「What are these strange unexplained noises from the sky?」『METRO』（WEB）
「Earth Songs（NASA）」（WEB）
「SCARY AND STRANGE SOUND coming from the underground in Denmark」（WEB）
「Strange sounds in Conklin, Alberta Jan. 12/2012（YouTube）」（WEB）
「Strange Sounds in Tokyo - 2012（YouTube）」（WEB）

怪奇現象FILE 08

【目撃者多数！ テレビカメラも怪奇現象の撮影に成功】

アルゼンチン「幽霊ブランコ」の怪

伝説

2007年の夏、地球の裏側で21世紀最大規模の心霊騒動が起きていたことをご存知だろうか。当時のアルゼンチンは、大袈裟ではなく国全体がフィルマットという小さな町で発生している幽霊ブランコの話題で持ちきりだった。

ことの始まりは2007年6月。当時、フィルマットにある児童公園で遊んでいた子供たちが、薄気味悪い現象を目撃した。それまで気にも留めていなかった無人のブランコが急に動き出したのである。しかも、両脇のシートはほとんど動かないというのに、**中央のシートだけ**が前後に揺れ動き、あっという間に大きな振り子運動が始まったという。

その光景は、まるで見えない何者かが、延々と独り寂しくブランコで遊んでいるかのようで、なんとも気持ち悪い。怯えた児童から話を聞いた地元の教師や保護者、通報を受けた地元警察も、いざ現場に来ると茫然とするしかなかったという。

7月になっても8月になってもブランコは動き続け、決定的な動画がネット上で公開されると、いよいよ騒ぎが本格化した。さらに、TV番組がライブ中継に成功すると、ブランコの周りには連日のように野次馬が集まり、一頃はTVを点ければ必ずどこかの局で関連番組が流れていたという。当然、様々な可能性が検討されたが、どの説も10日間連続でブランコが動いていたことや、中央のシートしか揺れない理由が説明できなかった。

騒ぎを収拾したい地元警察は、フィルマット在住の物理学者に調査を依頼したが、むしろ逆効果になってしまった。なぜなら、物理学者が思いつく限りの原因を検証したがまったく解明できず、事実上の敗北宣言を出してしまったからである。この出来事によって、アルゼンチンの科学者を困惑させる幽霊ブランコは、EUや北米でもニュースになった。

その後、地元では1980年代に水道工事の事故で亡くなった少年や、裏手の教会と関連付ける心霊現象説が一定の支持を得ていたが、現時点では原因不明という評価が妥当であろう。ただし、それでも一つだけ確かなことがある。**あれから10年以上が経過**したが、フィルマットの幽霊ブランコ現象は、まるで科学者をあざ笑うかのように、**今日も続いているという**事実である。

2012年に撮影された幽霊ブランコ（※①）

真相

日本での知名度は低いが、フィルマットの幽霊ブランコ現象は本当に素晴らしい。

なにしろ、現在でも地元住民ならば普通に目撃するくらいの頻度で現象が継続しており、映像記録も豊富である。また、今となっては悪ふざけやイタズラの可能性などを考慮する必要もない。その大胆さは、もっと評価されても良いだろう。

もっとも、こうした超常現象らしからぬ特性は、何年もブランコを漕ぎ続けるタフな幽霊よりも、珍しい物理現象が生じている可能性を示唆している。そう、実は2011年に現地で行われた実験によって、超常的な要因の関与を除外できる程度には、原因の切り分けが出来ているのである。

●「Fact or Faked」の実験

２０１１年４月、アメリカで人気の超常現象番組「Fact or Faked」※② が贅沢な現地調査と実験をしており、かなりの情報が得られた。

番組では、わざわざ同型の新品ブランコを併設し、物理的な特性を比較しているのだが、面白い発見があった。オリジナルは新品と比べるとパーツの経年劣化が原因で**揺れが始まりやすく止まりにくい**のである。

しかしながら、決定的に重要な実験は、問題のブランコそのものを、風から遮断できる仮設テントで覆い無風状態にした実験（59ページ、右画像）である。

もし、この状態でもブランコが勝手に動き出したならば、風が原因だという説は反証される。だが、**風を遮断した状態では、ブランコはピクリとも動いていない**。

続いて送風機から風を送ったところ、側面に近い角度（番組では言及がなかったが、初期の動画で枯葉が転がる方向）からの**横風**によって、大きな振り子運動が生じた。U字型シートの捻じれ具合など、同一の現象と結論せざるを得ないほど、幽霊ブランコ現象が再現されたため、番組では「風が原因」との結論に至っている。

●実験に対する反論

「Fact or Faked」の実験。【左】手前が停止寸前のレプリカ（新品）で奥がオリジナル。【右】自然風を遮断するために仮設テントで覆った様子（※③）

「Fact or Faked」の実験によって、少なくとも風が原因ということは合意できそうなものだが、少数ながら反論も存在する。といっても、あまり合理的な反論は出ておらず、この現象を追ってきた筆者（若島）からすれば容易に再反論できる。

　たとえば「（有名な動画のU字型シートは内側が赤いのに）実験ではシートの色が違う。**明らかに別物を使っている**」といった、シート関連の難癖が散見された。ところが、実は2007年の8月下旬には早くも中央のシートが替わっている。なぜかというと、何者かが盗み**ネットオークション（ebay）に出品したから**である（販売価格は500ドルだった）。その後もシートの盗難は続き、筆者が知るだけでも現在のシートは4代目（！）である。南米のお調子者が犯人であり、しかも、**どのシートでも幽霊ブランコ現象が元気に生じている**ため、反論としての価値は皆無に等しい。

その他には、同番組の放映後、2度目の現地調査を行ったアントニオ・ラス・エラス博士が、改めて「やはり風が原因ということは考えられない」と反論したという。同博士は、南米の超心理学者（あまり洗練されていない）ではあるが、心理学の学位も持っており、複数の科学関連団体で要職を担ってきた大物である。筆者としても、当初は傾聴に値するかもと期待したが、残念なことに「幽霊ブランコ」の調査に限っては——博士が無能でないと仮定すればだが——地元の名物に対する政治的な配慮が疑われるほど、極端にお粗末な「実験」もどきしかしていない。

実際に博士の調査がどのようなものかを如実に語る画像（左ページ）を用意したので、各位にて判断していただきたい。筆者は何も語るまい。

ともあれ「Fact or Facked」の実験は観測事実との整合性が高く、**原因が横風であるということだけは間違いなさそうである**。ただし、児童公園の不安定な風が、いかにして無人のブランコを動かし続けるのかという最大の謎が残っている。

●正体は横風による自励《じれい》振動

ここからは、いささか難しいかもしれないがお許しいただきたい。

ブランコが前後に揺れる振り子運動は、力学的に言うと**「振動」**という現象である。

構造物の振動には大きく2種類あり、構造物が外力から直接的に揺らされることを強制振動という。たとえば、自然な風が公園のブランコを揺らす場合、普通はふらふらと揺れる程度で終わる。これは振動の減衰を妨げる要素がないために、すぐ静止状態に戻ってしまう、ごくありふれた普通の強制振動である。

クリスタルでダウジング中のラス・エラス博士（※④）

一方で、外力——たとえば自然の風など——が、構造物を直接的に揺らすのではなく、構造物そのものが持つ特性によって振動に変換される振動現象が存在する。それが※⑤**自励振動**である。強制振動との違いは減衰に強いこと。

フィルマットの幽霊ブランコに生じている現象も、不安定な横風がU字型のゴム製シートの側面にぶつかることが原因で起きる自励振動である。

幽霊ブランコの自励振動で最も重要な要素は、回転方向の**ねじれの周期と前後の振り子の周期が一致**していること。これはチェーンの長さとシートの幅によって決まる。

横風がブランコのU字型シートの側面にあたると、**小さ**

幽霊ブランコの映像より。振り子の動きとねじれの周期が一致している。

な回転方向のねじれの振動と、**小さな前後の揺れ（振り子運動）**が生じる。そのとき、**両者が同期する**ような構造物——つまり幽霊ブランコ——は、すぐに減退する普通の強制振動とは異なり、自励振動が始まる。これが、幽霊ブランコ現象の主な仕組みである。

なお、ねじれ振動と振り子運動が同期するだけで幽霊ブランコ現象が生じるならば、他にも同じようなブランコがあるのではないかと思うかもしれない。

そう、実は問題の児童公園には、現在のところ同型ブランコが計3台あるのだが、面白いことに、頻度は低いながら、**他の2台も幽霊ブランコ現象を起こすことがある**。実際に2台のブランコが幽霊ブランコ状態になっているシュールな光景が映っている動画も存在する。

もっとも、問題のブランコは「Fact or Faked」の実験で確認できたように、摩擦の影響が出にくいなどの固有の特徴もあり、他にも色々な要素が関係している。ただし、それらを正確に説明するにはページ数が足らず、内容もさらに複雑になってしまうので、ここでは割愛させていただく。

フィルマットの幽霊ブランコを動かしているのは地磁気や幽霊でないことは確かだ。この現象は、きわめて珍しい風と構造物の相互作用によって発生した現象だったのである。

（若島利和）

■注釈：

※①**画像の出典**……「Hamaca de Firmat（Julio 2012）」より。

※②**Fact or Faked**……アメリカのケーブルテレビ局サイファイ制作のドキュメンタリー番組。フィルマットの幽霊ブランコは、シーズン２のエピソード４で取り上げている（２０１１年４月11日放送）。

※③**画像の出典**……「Fact Or Faked Paranormal Files Season 2 Episode 4」より。

※④**画像の出典**……「ANTONIO LAS HERAS EN IMPACTO 9 - LA HAMACA DE FIRMAT - PARTE 1」より。

※⑤**自励振動**……「強制振動」が外力に強要されて振動する羽目になったのに対し、「自励振動」は外力に便乗し自分から振動し始めたら止まらなくなってしまったような感じである。自励振動の際立った特徴は、運動方程式の減衰が負（マイナス）になっていること。負の減衰が作用するということは、本来は振動が弱くなっていくはずの現象が、逆に振幅を増大させることを意味する。ところが、風と

構造物の相互作用によって生じる自励振動（空力振動現象という）は、エネルギー効率が良すぎ、不安定な自然風であろうが、風が止まなければ負減衰効果のある振動現象が現実に生じてしまう。

■参考資料：

「Fact or Faked」S2 Ep04（Sci-Fi, Channel. 2011）
日本鋼構造協会『構造物の耐風工学』（東京電機大学出版局、１９９７年）
『橋の文化とテクノロジー』長崎大学公開講座「構造物とテクノロジー」資料
川田忠樹『だれがタコマを墜としたか』（建設図書、１９９９年）
「京都大学松山勝教授：特別寄稿文」『片山技報22』（２００３年）
松本勝「構造物、構造体の空気力学挙動とそのメカニズム」『プレストレストコンクリート技術協会第12回シンポジウム論文集』（２００３年）
「2点吊り振子の3つの線形振動 mode の実験と解析」『沼津工業高等専門学校研究報告45』
「2点吊り振子の捩り振動の基礎解析外部励振による捩りと上下振動」『沼津工業高等専門学校研究報告47』
玉井、松田、三澤、加藤、池田「低風速域で生じるトラス橋斜材の空力振動に関する実験的研究」『第23回 風工学シンポジウム論文集』（２０１４年）
R．Scanlan「Resonance, Tacoma Narrows Bridge Failure, and Undergraduate Physics Textbooks」『American Journal of Physics 59』（1991）

【第二章】

宇宙からの来訪者
「UFO事件」の真相

怪奇現象FILE 09

【1万3000年前から存在？　NASAも認めた謎の人工衛星】

「黒騎士の衛星」は実在するか？

伝説

インターネットを中心に、「黒騎士の衛星」※①、あるいは「ブラックナイト」と呼ばれる謎の衛星が話題になっている。それは、人類が打ち上げたものではない。おそらくは異星人が地球を監視するために飛ばしたUFOではないかというのだ。

この黒騎士の衛星は、今をさかのぼることはるか1万3000年も前から地球の周りを1000キロの高さで周回しているのだという。どのような機能を持っているのかは定かではないし、現時点で稼働しているのかどうかも定かではない。

この衛星は、1954年にアメリカの新聞が報じたことがきっかけで注目されるようになった。人類が打ち上げた人工衛星は、1957年の旧ソ連のスプートニク1号※②が最初だ。その3年前に人工衛星が宇宙に存在したはずがない。

時代が下って1998年、国際宇宙ステーション建設のために打ち上げられたスペースシャトル「エンデバー」が船外を飛行する黒い物体を発見した。一部ではこれが黒騎士の衛星であるとみられている。NASAが撮影した写真も公開されている。ステルス戦闘機を思わせる外観は、異星人の宇宙船である可能性を十分感じさせるものといえるだろう。

NASAが撮影した「黒騎士の衛星」とされる画像（©NASA）

真相

一時期、下火だったUFO関連の話題だが、近年、ソーシャルメディアの発達によって再び活況を呈している。この謎の衛星に関する話も、そうした流れの中でジワジワと普及してきているようだ。2015年8月には、イギリスの大衆紙「ミラー」が黒騎士の衛星の存在を報じている。日本だけでなく、海外でも注目されているらしい。

それでは、「黒騎士の衛星」なるものは実在するのだろうか。

結論から言おう。残念ながら、「黒騎士の衛星」は存在しない。様々な情報と長年蓄積された噂によって作り上げられた幻想というのが実態である。

●黒騎士の衛星はいつ生まれたのか?

黒騎士の衛星の歴史は古く、【伝説】で言われているように、1950年代からその存在が語られてきた。この謎の衛星はいかにして誕生したのか。その起源をまとめたイギリス・北アイルランドのアーマー天文台のスタッフのブログをもとに説明しよう。

黒騎士の衛星の誕生には、冥王星の発見で知られる**クライド・トンボー**[※③]がかかわっている。トンボーは天文学に関して正規の教育を受けていない、いわゆる在野の研究者だったが、雑誌の記事をもとに望遠鏡を自作するなどして観測を重ね、ローウェル天文台の職員として採用された変わり種の研究者だった。

天職を得たトンボーは1930年に冥王星を発見、その後、大学に入学し、修士まで進んだ。戦時中は海軍で天文学を応用した航海・位置測定技術を教え、戦争が終わった1946年にニューメキシコ州のラス・クルーセスに移り、軍の援助を受けてミサイルなど高速で移動する物体の観測が可能な光学設備（天体望遠鏡）の開発に携わることになる。

トンボーの目的は、その技術を使った**地球の周りを回る自然衛星の観測**だった。将来、人類が宇宙進出の時代を迎えることになったとき、地球の周りに未知の自然衛星があったら、人工衛星や宇宙船が何らかの被害を受けるおそれがある。そうした危険を未然に防ぐために、地球の周囲にある自然衛星を観測しようとしたのだ。

このトンボーの研究に着目したのが、ニューメキシコ大学の[※④]リンカーン・ラパス博士だった。ラパス博士は**有名なUFO信者**で、自分の論文にトンボーの研究を引用。さらに

ワシントン事件のときに撮られたという合衆国議会議事堂。建物上空に複数の光点が見える。

1954年、UFO業界の有名人である[※⑤]ドナルド・キーホーが**トンボーの研究とUFOを結びつけるような記事**を新聞に書く。

当時、アメリカは[※⑥]「ワシントン事件」の影響で、UFO問題が再燃した時期でもあった。トンボーの言う「地球の周りを回る自然衛星」は、ラパス博士やキーホーの記事の影響で**「地球の周りを回る人工物」**にすり替わってしまう。そして**「黒騎士の衛星」**という名前まで与えられ、いつの間にか地球の周りを

人工衛星の断熱材サーマルブランケット（©NASA）

回っていることになってしまったのである。

●NASAの画像の正体は？

では、インターネットで出回っている「黒騎士の衛星」の画像は何なのだろうか。

1998年にNASAが撮影したという写真や動画については、この年に打ち上げられたスペースシャトルのミッション「STS‐88」[※⑦]の飛行の際に発生した**「スペースデブリ（宇宙ゴミ）」**である。

自らもこのミッションに関わっていた、宇宙開発ライターのジェームズ・オバーグによると、一見して謎の宇宙船のように見える物体は、実際のところはミッションの途中で誤って宇宙空間に放出された**サーマルブランケット（熱遮断用の布）**だという。

STS‐88の飛行任務の1つは、国際宇宙ステーション（ISS）の組み立てだった。「ユニティ」というアメリカのモジュールを宇宙空間に放出し、すでに打ち上げてあったロシア側のモジュール「ザーリャ」と結合させるのが、ミッションの内容である。

このとき、船外活動でサーマルブランケットを設置する作業にあたっていたジェリー・ロス宇宙飛行士が、**誤ってそのうちの1つを落っことしてしまう**。この外れたサーマルブランケットが宇宙空間をふらふらとさまようことになってしまったのだ。

いくらフワフワしたゴミであっても、宇宙空間においては危険なことには変わりない。そのため、**すべてのスペースデブリは監視の対象**になっている。このふわふわ漂うサーマルブランケットにも、北米防空司令部（NORAD）の監視番号が付けられ、**「1998‐067C」**と呼ばれている。

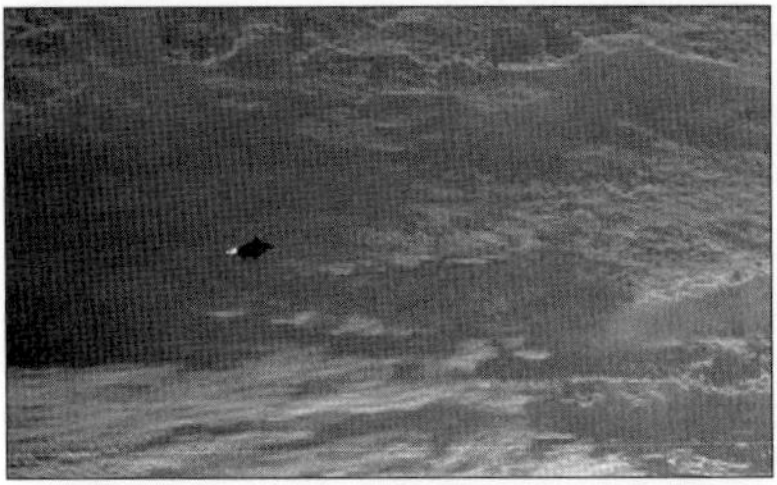

火を噴いているとされる黒騎士の衛星（©NASA）

黒騎士の衛星が紹介されるとき、黒っぽい形の写真や映像が紹介されたり、まるで後ろのエンジンから火が噴いているかのような写真が出てくることがあるが、これらは光の加減でサーマルブランケットが黒っぽく見えたり、火が吹いているように見えたものと考えられる。形についても**偶然宇宙船のように見えた**と考えればば納得できるだろう。

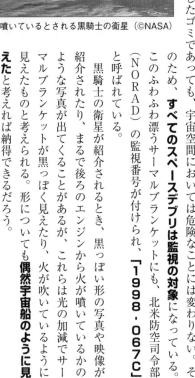

●空に隠せる場所はない？

これまで見てきたように、黒騎士の衛星には不利な情報ばかりが存在している。しかし、地球の周りには私たちが知らない衛星（自然衛星・人工衛星に限らず）が飛んでいてもおかしくはないのではないか、と考える人もいるだろう。

実は、**公開されていない衛星が見つかった**という事例はたまに存在する。

たとえば、2002年4月、NPO法人の日本スペースガード協会[※8]が、岡山県美星町（現・井原市）の美星スペースガードセンターの1メートル望遠鏡で、静止軌道上に直径50メートルもの巨大な物体を発見したと発表した。この静止衛星とみられる物体は赤道上空、東経120度前後に存在しているものと見られ、その目的は定かではない。

……と、第三者的に書いているが、私はこの日本スペースガード協会の会員でもあり、この「謎の物体」発見の詳細もよく知っている。結論としてはおそらく、**アメリカの偵察用衛星**なのではないかと考えられる。

日本スペースガード協会は、政府機関でもなければ、軍の機関でもない。純粋に観測を続けている市民団体である。

現在は望遠鏡ひとつあれば、アマチュア天文家でも人工衛星を発見できるし、その発見をネットを通じて大々的に公表することだって可能だ。

たとえば、日本が打ち上げている情報収集衛星は、その「安全保障に関する重要性」により、軌道要素などを公表していない。

しかし、世界には秘匿性の高い衛星を観測して、その軌道要素を推定・公開している人がいる。いくら政府が秘密にしても、世界中に散らばるアマチュア天文家の望遠鏡をすべて取り上げたり、ネット上の交流を遮断することは無理というものである。**空にあるものは隠しおおせない**といってよいだろう。

黒騎士の衛星には、**その存在を裏づける観測データはない**。

地球の上空1000キロ、※⑨ときにはより近くを飛ぶこともあるというが、天文学者やアマチュア人工衛星観測家が発見したという報告もない。

以上を考えれば、黒騎士の衛星は存在しないものと考えるのが妥当だろう。

（寺薗淳也）

■**注釈**：

※①**黒騎士**……中世のヨーロッパでは、騎士はどこかの領主などに雇われることが一般的だった。これに対し、雇い主を持たない浪人のような騎士のことを「黒騎士」と呼んだ。その「どこにも属さない」イメージから、「黒騎士の衛星」という呼び名が生じたものと思われる。

※②**スプートニク1号**……1957年10月4日にソビエト連邦が打ち上げた世界初の人工衛星。機体はアルミニウム製で直径58センチ、重量は83・6キロ。内蔵の電池を動力としていた。打ち上げから92日後に高度が下がり、大気圏に再突入し消滅した。

※③**クライド・トンボー**（1906〜1997）……アメリカの天文学者。実家の農場が雹による被害を受けたため、大学進学を断念。独学で天文学を学び、ローウェル天文台にスカウトされる。冥王星をはじめ、生涯に800近い小惑星を発見した。

※④**リンカーン・ラパス**（1897〜1985）……アメリカの天文学者。UFO信奉者で、ロズウェル事件の落下物を「もうひとつの惑星からの偵察船」ではないかと考えていた。

※⑤**ドナルド・キーホー**（1897〜1988）……アメリカのUFO研究家、作家。海軍を除隊後、作家生活に。1947年のケネス・アーノルド事件がきっかけとなり、『トゥルー（True）』誌などに空飛ぶ円盤に関する記事を執筆。「空飛ぶ円盤は実在するが、合衆国政府がその事実を隠蔽している」とするUFO陰謀論を広めた。著書に『空飛ぶ円盤は実在する』などがある。

※⑥**ワシントン事件**……1952年7月19日から数日間にわたってワシントンDC上空に60を超える発光体が現れたという事件。軍のレーダーがとらえただけでなく、多くの市民も目撃したとされる。。

※⑦**STS‐88**……国際宇宙ステーション建設のための初の飛行ミッション。打ち上げは1998年12月4日。ロバート・カバナ船長ほか5名の宇宙飛行士がスペースシャトル・エンデバーに乗り込み、高度320キロの地点でモジュールのドッキングなど船外活動に従事した。

※⑧**日本スペースガード協会**……1996年に設立されたNPO法人。地球に衝突する可能性がある

小天体の監視・観測を目的とする。

※⑨**黒騎士の衛星の高度**……黒騎士の衛星の高度は１０００キロほどとされているが、低いところでは数百キロくらいの高さを飛行しているとのことである。このような高さを飛ぶ衛星は、上空にわずかに残る大気の効果で少しずつ速度が落ちて、次第に高さを下げ、最後には地球に落下することになる。何もしないで１万３０００年もつということは考えられない。衛星をもたせるとすれば、定期的に軌道を上げるために燃料を噴射する必要があるが、その燃料をどうやって補給するのだろうか。

■参考資料：

「Watch 'Black Knight satellite' UFO filmed hovering in the sky over town before vanishing（Mirror Online)」（WEB）
「The Black Knight Satellite（SKEPTOID)」（WEB）
「Clyde Tombaugh and the Mysterious Satellite（Astronotes)」（WEB）
「The Truth About the Black Knight Satellite Mystery（Astronotes)」（WEB）
「STS-88（NASA)」（WEB）
「Phantom satellite? What IS it? What ISN'T it? WHY the confusion?（jamesoberg.com)」（WEB）
「Japanese H-IIA Rocket successfully launches IGS Radar Satellite（SpaceFlight101)」（WEB）

怪奇現象FILE 10

【日本のバラエティー番組がUFOの撮影に成功!】

「バナナTV」のUFOは本物か?

伝説

人気お笑い芸人・バナナマンの番組『バナナTV』が、UFOの撮影に成功したとして話題になっている。『バナナTV』は、テレ朝動画やYouTubeなどのネット限定で放送されている番組で、UFOの撮影に成功したとされるのは、2015年3月2日から配信されている「オーストラリア編　#10-1　UFO発見!?」の回だ。

オーストラリアのメルボルンで開催される映画祭に出席するために、シドニーを訪れた日村勇紀氏とスタッフたち。夜になり、海沿いのレストランで食事をしていると、突然、スタッフのひとりが血相を変えて日村氏たちを呼びにくる。

「なんかUFOだって!」

慌てて外に出る一行。するとポートジャクソン湾にかかるハーバーブリッジの上空に、小

店の外でUFOを発見した一行（左）、橋の上に無数の光の点が！（右）

さな光の点がまたたいているのが見えた。

「ほんとだ！　うわ～、うわ～、UFOだ！」

「これ、マジじゃないですか！」

光の点は左右にゆらゆらと揺れ動いたかと思うと、その数をどんどん増やしていく。いつの間にか、橋の上空には不思議な軌道を描く無数の光の点が集まっていた。

「うわ、すごいいるわ！　これマジで撮ったね。うわ～、鳥肌が立ったわ」

このUFO映像は、撮影者が意図したものではなく、あくまで偶然撮られたものである。こうした映像はねつ造の可能性が少なく、信憑性が高いと言える。やはりUFOは実在したのだ。

真相

さて、問題のUFO映像だが、筆者（秋月）も初めて見た

動画「ハーバーブリッジの上を飛ぶ鳥」より。バナナTVのUFOと驚くほどよく似た光の点が映り込んでいる。

とき**「これはなんらかの異常な飛行物体なのではないか」**と色めき立った（わりと信じやすい）。だが、ソーシャルネットワーク上で正体探しをはじめると、意外なほど**あっさり正体が判明**してしまった。

このUFOの正体として、ネット上ではドローンやバルーンなど様々な候補が挙げられていたが、そのなかでもっとも信憑性が高いと思われたのが**「橋のライトアップに輝く鳥」**という指摘であった。

その指摘には、くしくも同じハーバーブリッジで撮影されたYouTubeの動画が添えられていた。動画のタイトルは「**ハーバーブリッジの上を飛ぶ鳥**（birds soaring on top of the harbour bridge)」。橋の上空を飛び交う鳥がライトアップの反射によって光っている様子を撮影したものだが、**『バナナTV』のUFOと瓜二つ**で、鳥だと思ってみるとそれ以外に考えられなくなる映像だった。

UFOと無関係の番組だからといって、それだけで信憑性があると考えるのは気が早い。

アルゼンチンのUFOの検証動画より。左が実際に放送された映像。右がUFOを合成後にインターネットに投稿された映像（※①）

そのことを思い知らせてくれたのが、次のアルゼンチンのＵＦＯ動画である。

２０１５年２月、アルゼンチンのテレビ局「ＴＮ（Todo Noticias）」で放映された**生放送のニュース番組にＵＦＯが映っている**、としてＵＦＯマニアの間で話題になった。

番組では、出演者の背後にビル街のリアルタイム映像が映し出されていたのだが、何の前触れもなくＵＦＯと思しき楕円形の飛行物体が、一定の速度で左から右へと画面を移動していく。よく見れば、背の高いビルの背後を通過しているなど、作りものとは思えないリアルさがあった。

しかし、これは**生放送という思い込みを利用したフェイク**だった。

話題になったＹｏｕＴｕｂｅの動画は、生放送のニュース映像ではなく、そこに何者かがＵＦＯを合成したものだった。後に実際のニュース映像と問題の動画を比較する動画がＹｏｕＴｕｂｅに投稿されたが、それを見ると、**本来のニュース映像にはＵＦＯはまったく映っていなかった**のだ。

一見、ＵＦＯとは無関係な番組にＵＦＯらしきものが映っていると、つい信用したくなる。だが、それはあくまでＵＦＯに見える何かと言うだけで、**本物かどうかは話は別だ。**

なぜそうしたものが映ったのか、正体は何なのか。ＵＦＯ動画は、**その裏側を考えるのも楽しい。**怪しい動画を見かけたら、ぜひ謎解きに挑戦していただきたい。

（秋月朗芳）

■**注釈：**

※①画像の出典……「EL OVNI DE TN ES FALSO " PRUEBA DEFINITIVA"」より。

■**参考資料：**

「バナナＴＶ オーストラリア編 #10 - 1 ＵＦＯ発見!?（テレ朝動画）」（ＷＥＢ）
「ＵＦＯ事件簿」（ＷＥＢ）
「birds soaring on top of the harbour bridge（YouTube）」（ＷＥＢ）
「ニュース番組の生放送中にＵＦＯ出現‼　空を滑るように移動する＝アルゼンチン」（ＷＥＢ）
「EL OVNI DE TN ES FALSO " PRUEBA DEFINITIVA "（YouTube）」（ＷＥＢ）

怪奇現象 FILE 11

地球製UFO「TR・3B」の墜落写真

【インターネットを賑わせた謎の航空機の墜落写真】

伝説

インターネット上で奇妙な航空機の墜落写真（次ページ参照）が発見された。写真に写っているのは破損した機体である。翼部分には米軍のマークが入っているが米軍の既存機体にはまったく似ていない。

また、その三角形の機体は過去に存在したどの三角翼米軍機にも似ていない。機体の中心には円形の物体がついており、この部品に限っても既存の機体に似たものは皆無である。むしろ、円形の物体は未知の推進装置を思わせるほどである。

写真から推測する限り、かねてより地球製のUFOと噂されてきたオーロラプロジェクトの極秘三角翼機※①TR・3Bアストラの墜落写真と考えるのが適切であろう。

未知の推進装置はロズウェル事件のUFOを解析して実現した反重力装置かもしれない。

「墜落したTR-３B」だという画像。たしかに機体中央には既存の航空機にはない動力機構があるように見える（※②）

真相

自動車パーツを見慣れている人なら、機体中央の部品を一目見ただけで**「クラッチ？」と思う**のではないだろうか。最近はだいぶ減ったが※③マニュアル・トランスミッションの自動車で使われている部品である。

マニュアル車では、エンジンの回転はフライホイールとクラッチが密着することでギアに伝わる。ギアチェンジを行う際はエンジンとギアの回転数がかみ合わなくなるため、一旦、エンジンの回転とギアを切り離す必要がある。この切り離しを行うための機構がクラッチである。

問題の墜落機体中央にある部品は、クラッチをフライホイールに押し当てるための板バネ（**ダイヤフラムスプリング**）と、板バネを支えるカバー（**クラッチカバー**）にしか見えない。板バネ中央部分のベアリングが接触する部分の色が変わっているのも特徴的である。

画像をよく見ると、カバー部分は半透明になっているため、**裏にある機体が透けて見えている**。どうも、クラッチカバーの方は元の画像になじませるためか、半透明にして合成したようだ。なんらかの**航空機の事故写真と自動車のクラッチ写真を合成して作ったもの**だと考えて間違いないだろう。

合成に使われた元画像。左上の画像が自動車のクラッチカバー、右上は海軍機のF-14トムキャット（※④）

では、合成元になった画像は何なのか。

結論から言うと、写真の事故機は**先頭部分と末尾部分が壊れた海軍機のF・14トムキャット**である。

TR・3Bの墜落画像として広まった画像は、F・14の墜落写真にクラッチの画像を合成したものので間違いない。F・14らしさを消すために、合成画像では可変翼のつなぎ目部分と機体番号が消されていた。**黒い服を着た軍人のような人物も合**

成されたものである。

最終的にできあがった画像はそれほど違和感のないものだが、高度な技術は使われておらず、簡単な合成のみで作られているようだ。

写真の出所を探してみると**「オリオン陰謀（The Orion Conspiracy）」**というウェブページにたどり着いた。このページにおいて未確認のプロトタイプとして上げられているのが本項の最初にあげた写真である。このウェブページは、それ自体が陰謀論をテーマにした**ショートムービーの宣伝サイト**となっている。ショートムービーは、2007年にフランスで作られたもので、**地球製UFOに関する陰謀論**をテーマにしている。※⑤

劇中、地球製UFOが実在していることを印象づけるために、実験機画像がスライドショーのように登場する。今回の写真は**その中で一瞬登場する写真**である。他の写真を見るに、このショートムービーのために作成された多くの合成写真のうちのひとつのようだ。

フィクションとして作られたものが、制作者の意図を離れて一人歩きをしてしまう。インターネットを舞台にした典型的なUFOのフェイク写真だと言えるだろう。

（蒲田典弘）

■注釈：

※①**TR・3Bアストラ**……アメリカが極秘に開発しているとされる三角翼機。原子力や反重力を動力にしているとされるが、その存在を立証するようなものは見つかっていない。

※②**画像の出典**……「UFO PICS.ORG」より。

※③**マニュアル・トランスミッション**……オートマチックやCVT（無段変速機）ではなく、自分でギアチェンジを行う必要のある車で、クラッチ・ペダルがついている。

※④**画像の出典**……合成元画像と右上のF-14の比較用画像は「UFO PICS.ORG」、クラッチカバーは「AUTO PARTS L.L.C.」より。

※⑤**ショートムービー**……ショートムービーを制作したのは、有名アーティストのジャケット写真やPVを手がけたことがある、フランスの写真家・ビデオディレクターのセブ・ジャニアック。ショートムービーは、2020年5月現在、YouTubeにて「THE ORION CONSPIRACY # 1 - SEB JANIAK」「THE ORION CONSPIRACY # 2 - SEB JANIAK」のタイトルで視聴することができる。「TR・3B」の写真は2番目の動画に登場。

■参考資料：

「Crashed TR-3B Recovered In Broad Daylight ?」（WEB）
「The Orion Conspiracy（The Greater Picture）」（WEB）
「UFO PICS.ORG」（WEB　※現在リンク切れ）

怪奇現象FILE 12

【同時に4人が撮影!?　世界を賑わせた前代未聞のUFO動画】

「エルサレムのUFOビデオ」の真相

伝説

２０１１年１月28日午前１時ごろ、イスラエルの首都エルサレムで、前代未聞のＵＦＯビデオが撮影された。その映像がＹｏｕＴｕｂｅ上に公開されると本物なのか、はたまた偽物（フェイク）なのかと、ネットを中心にして世界で議論が沸騰した。

最初にＹｏｕＴｕｂｅに投稿されたＵＦＯビデオは１分ほどの短いもので、キリスト教、ユダヤ教、そしてイスラム教の聖地とされる岩のドームを、シオン山の向こう側にあるベランダからのぞむような形で撮影されていた。

ビデオは当初、エルサレムの夜景に浮かび上がる岩のドームの姿を映し出しているが、やがてドーム上空に白い発光体が出現する。現れた発光体は８秒ほどかけてゆっくりとドームに目がけて下降して行き、ドーム上空に20秒間ほど停止をする。そして突然、強い光を発して2回輝き、あっという間に天に向かって上昇して消え去っていく。ビデオには、画面に映っている男性とカメラマンが挙げた驚きの声なども一緒に録音されていた。

エルサレムのUFOビデオ（1本目）。丸で囲った点が下降した後、発光して上空に向かって急発進する（※①）

もしこれだけなら、ＹｏｕＴｕｂｅにありがちな「ＵＦＯのフェイク映像」と見なされ、それまでと異なっていたことだろう。

だが、この時エルサレム上空に現れたＵＦＯの姿をとらえていたビデオは、1本だけではなかった。他の場所から、同じ時刻に撮られたＵＦＯ映像が他にも4本以上存在していたのだ。

最初の映像がアップされてほどなく、残りの映像もＹｏｕＴｕｂｅ上にアップされた。

1本目と2本目はほぼ同じ場所から撮られたビデオで、3本目はＵＦＯが岩のドーム上をホバリングする姿をより近景からとらえていた。ＵＦＯが岩のドームに落下して再び飛び上がる様子をとらえていた4本目のビデオを撮影したのはイスラ

１本目の動画とほぼ同じ場所で撮影された２本目の動画（左）。３本目の動画（右）はUFOが岩のドームの上をホバリングする姿を捉えている。

エル住民ではなく、観光でエルサレムにやってきた米国女性だという。

互いにまったく面識のない人物が、別々の位置から同時刻に同じＵＦＯを偶然撮影していたのだ。岩のドームの上にそのとき、ＵＦＯが存在していたことは間違いない。エルサレムのＵＦＯビデオは、ＵＦＯの実在を証明する近代ＵＦＯ史に燦然と輝く大変貴重なビデオと言える。

真相

エルサレムのＵＦＯビデオは、テレビ東京の「やりすぎ都市伝説」（２０１２年４月６日）でも紹介されている。

この動画が極めて珍しいのは、【伝説】にもあるように、**各々違う場所から同時にＵＦＯが撮影されていた**という点にある。最大の争点は、撮られた映像が、**本当に独立に撮影されたものであったのか**という一点に掛かっている。

1本目のUFOビデオが公開された直後に、その映像に触発されて、ただちに偽UFOビデオを作ってアップしていたとしたら、たとえ複数の映像が存在していても何の証拠にもならないこととなる。また、撮影者が互いに知り合いで示し合わせて画像をアップしていたとしたら、ビデオの真実性には大きな疑問符が付くことになる。

米国の観光客が撮ったという4本目のUFO動画

●暴かれた動画のウソ

まず、1、2本目のビデオと米国の観光客が撮ったとされるビデオの、**どちらかがフェイクであることは間違いがなかった**。というのは、ほぼ同じビデオなのに、米国人のビデオのほうには、飛び上がる寸前にUFOが2回強くフラッシュするシーンがなかった。**1、2本目とは微妙に別物だった**のである。

では、どちらがフェイクなのか、さもなければ両方ともフェイクなのか？

少なくとも**米国人のビデオがフェイクであることは間違いない**。手持ちビデオで撮影しているかのように画面が揺

４本目の動画（左）と「Wikimedia Commons」にあるイスラエルの夜景の写真（右）。建物から出る光の点などがものの見事に一致している。

れているものの、バックに見えるエルサレム市街の映像には動きがまったく見られない。光も瞬かず、**まるで静止画のようなのだ。**

それもそのはず、並べて見ると一目瞭然なのだが、この画像は「ウィキメディア・コモンズ」に登録されている**エルサレムの夜景と瓜二つ**なのだ。街の光源の位置や、その数までピタリと一致している。どうやらウィキから写真を拝借して、その上に動くＵＦＯ映像を付け足し、できた画像を再生しながら手持ちビデオで揺らしながら撮影するというステップを踏むことで、**野外撮影したＵＦＯ映像であるかのように見せかけていた**ようなのだ。

では、１、２本目のビデオのほうはどうか？　これらもフェイクという強い嫌疑を掛けられている。こちらのビデオも大きくぶれると、**画面の端のほうが鏡に映ったように左右対称の絵柄に変化する**ということが指摘された。どうも手ぶれ撮影の感じを出そうとして、ついカメラを大きく

「チャンネル10」の検証番組（左）。番組の調査で1本目のUFOビデオの撮影者は元俳優のエリガエル・アドリオビッチであることが判明した。（※②）

振り回し過ぎてしまい、**映像が元の静止画からはみ出てしまったらしい**のだ。

はみ出た部分が真っ黒のままだとおかしいので、端っこの方の画像を左右対称に折り返すことによって、街の明かりがそこまで延びているようにごまかした可能性が高い。

●見つかった決定的な証拠

そして、これらＵＦＯビデオの出所をしつこく追ったイスラエルのテレビ局「チャンネル10」の調査によって、エルサレムのＵＦＯビデオは最後のとどめを刺された。

同局の調査によると、1本目のＵＦＯビデオを撮影したのはエリガエル・アドリオビッチという男性で、彼は映像の素人ではなく、**映像制作会社で働く元俳優**であった。それからエリガエルには、ゴラン・アルディブという知人がいることがわかった。エリガエルとゴランは、同じ映画に出演したこともある旧知の仲であった。そしてゴランは、他のＵＦＯ映像を撮影したということになっている**３人の若者に映画制作を教えている教師**であった、ということが判明した。エルサレムＵＦＯのビデオは当初の話と違ってバラバラに撮影されたものではなく、**一本の糸でつながる人々によって撮影され公表されたもの**であったのだ。

こうなると、エルサレムＵＦＯビデオを「本物」だと信じろ、という方が無理であろう。

（皆神龍太郎）

■**注釈：**

※①画像の出典……p87〜89ともに「Jerusalem UFO sighting 2011 All 4 uncut Videos」より。

※②画像の出典……「Israeli Channel 10 Proves Israel UFO over Dome of Rock is Fake EXPOSED」より。

■**参考資料：**

「Israeli Channel 10 Proves Israel UFO over Dome of Rock is Fake EXPOSED」（ＷＥＢ　※現在リンク切れ）

「Jerusalem UFO Video: Case Closed」（ＷＥＢ　※現在リンク切れ）

「UFO over Jerusalem / Ufo über Jerusalem（YouTube）」（ＷＥＢ）

「Hoax in the Holy Land : Jerusalem UFO a Proven Fake」（ＷＥＢ）

怪奇現象FILE 13

【世界中で目撃報告が相次ぐ、新しいタイプのUFO】

大空を飛ぶ「不定型なUFO」の正体は?

伝説

UFOといえば金属の皿を上下に合わせたような円盤型飛行物体と相場は決まっていたはずだ。しかし、最近その範ちゅうに収まらないタイプのUFOが空を賑わしている。

空で形状を刻々と変化させたり、尋常でない数で現れたりと、メカニックな宇宙船というより、どことなく生きものを思わせ、さらには具体的な生物のカタチをした物体であることすらある――そんなとても奇妙な未確認飛行物体なのだ。

このようなUFOは、2000年前後から話題になったものであり、「Irregular shaped UFO（不定形なUFO）」「morphing UFO（変形UFO）」「Sky Worm（空のイモ虫）」などと呼ばれている。

最近ではテレビでも紹介されることがあるので、ご存じの方も多いだろう。また、You

イタリアのミラノで撮影された不定形UFO（※①）

Ｔｕｂｅなどの動画投稿サイトで先にあげた呼び名で検索していただければ、このような動画が大量にアップロードされていることが実感できるはずである。

さて、その中のひとつが日本でもネットニュースなどに取り上げられて話題になった、イタリアのミラノで撮影されたという不可思議な飛行物体の動画である。

それはキラキラと不規則に形状を変えながら空を優雅に浮遊しているように見え、どう見ても奇妙で、この世のものとは思えない。

このようなＵＦＯは別の惑星、または別の次元からやってきた未知なる飛行物体、または生物なのだろうか。もしくは、このようなＵＦＯが現れたことは、人類とＵＦＯとのコンタクトが次のレベルに移ったということの顕れであり、地球を訪れる宇宙人たちから届けられた新たなメッセージとでもいうのであろうか。

真相

ここでは、わかりやすくするために【伝説】であげたUFOのことを「不定形UFO」と呼ぶことにしよう。まず、このような不定型UFOは大雑把に3つに分類することができる。

Aタイプ：複数の小さな飛行物体
Bタイプ：形状が刻々と変化していく飛行物体
Cタイプ：具体的な動物の形状をした飛行物体

さて、これらが何かについて考えていこう。

予想がついているかもしれないが、最初に言ってしまうと、「Aタイプ」の「複数の小さな飛行物体」は、**風船である可能性が高い**。一般的なゴム風船（ラウンドバルーン）が大量に空に放たれたところを想像してほしい。それを見て、UFOと誤認してしまうのである。

●マイラーバルーン

では、「Bタイプ」と「Cタイプ」の正体は何なのだろうか。

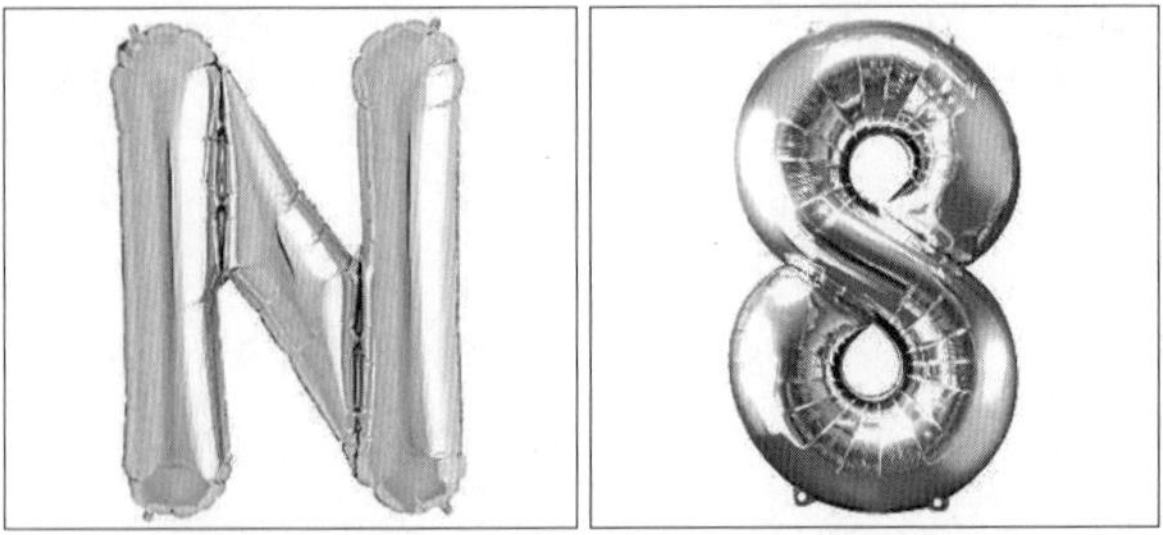

「映っちゃった映像グランプリ」（フジテレビ、2015年11月1日放送）にUFOを呼べるというコンタクティーが登場。「8」と「N」の形をした飛行物体を呼び出したが、正体は簡単に手に入る左のマイラーバルーンだった。

こう言ってしまうと身も蓋もないが、やはりこれも**「マイラーバルーン」という風船である可能性が高い。**

マイラーバルーンは、**金属的な光沢を持つ風船のこと**である。この風船は、フィルムの表面にアルミニウムが蒸着されているため、一般的なゴム風船よりも印刷がしやすく、形状も比較的自由に加工することができる。きっと誰もが一度は、縁日やイベント会場などで見かけたことがあるはずだ。そのものずばり**「UFO風船」**と呼ばれることもある。

「Bタイプ」に関しては、同じマイラーバルーンでもその正体を2つに分けることができる。

まずひとつは「つぶれかけたマイラーバルーン」。マイラーバルーンはゴム風船よりもヘリウムガスが抜けにくく、多少ガスが抜けても**歪んだ形状のまま浮遊し続ける**ことができる。とくにキャラクターを模した形状のものは、地上に落ちる前はかなり奇妙な姿となるため、**不**

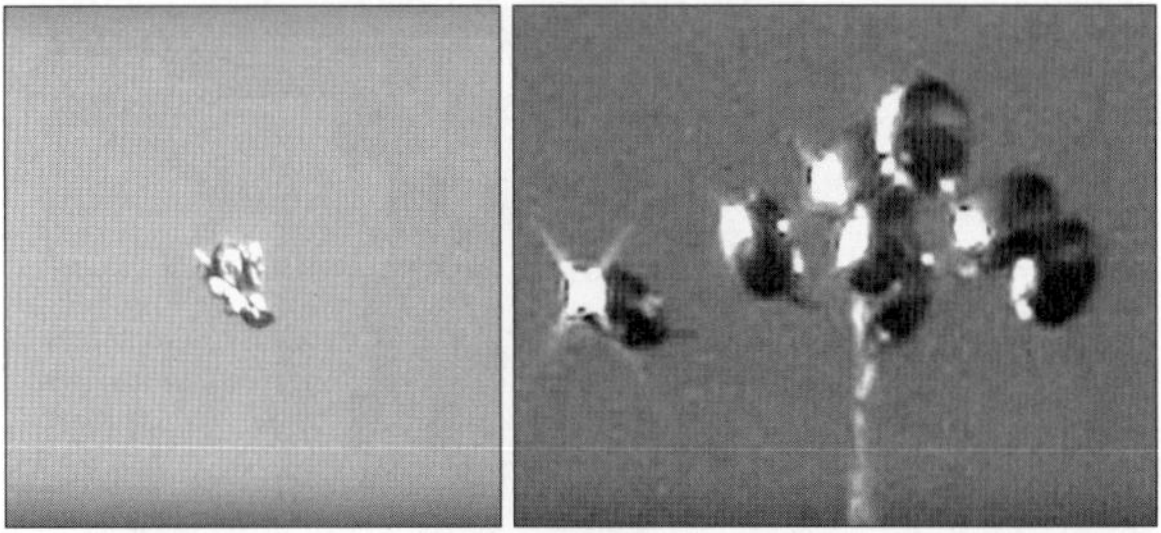

つぶれかけたマイラーバルーンの特徴がよく出ている、カストロ氏の投稿動画（左）。右写真はつながれたマイラーバルーン（※②）

可思議な飛行物体として認知されやすくなるのだ。

ジョナサン・カストロなる人物は、このような「つぶれかけたマイラーバルーン」だと思われる不定形ＵＦＯを、**別宇宙からきた「ビーイング」**だとしてＹｏｕＴｕｂｅに大量に投稿している。

「Ｂタイプ」のふたつめの正体は**「複数のつながれたマイラーバルーン」**だ。

【伝説】にあった「ミラノの不定形ＵＦＯ」はおそらくこれだろう。複雑な形状が刻々と変化しているように見えるのは、**つぶれたマイラーバルーンが複数個つながれているから**であり、キラキラ光っているのは**光沢のある表面が太陽の光を浴びて反射しているから**だ。

バルーンの数はそう多くないが、ＹｏｕＴｕｂｅにも複数のマイラーバルーンを束ねて空に放った動画がある。それを見ると、ミラノの不定形ＵＦＯにかなり近い印象を受ける。

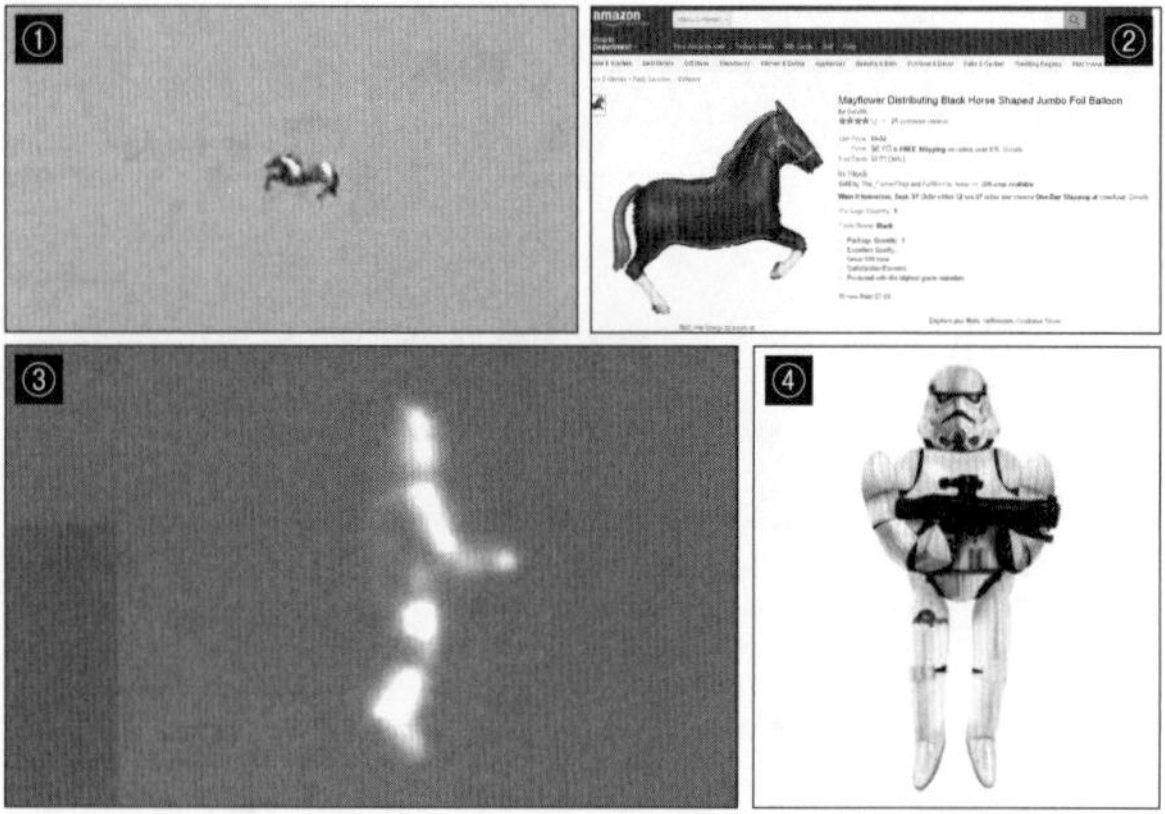

【①】「フライング・ホース」、【②】Amazon.com で販売中のよく似た形のマイラーバルーン、【③】ロサンゼルスで撮影された「フライングヒューマノイド」、【④】「ストームトルーパー」のマイラーバルーン（※③）

「Cタイプ」の「具体的な動物の形状をした飛行物体」で有名なのは、2005年にイタリアでビデオ撮影された**「フライング・ホース」**だろう。

正体は、**馬の形をしたマイラーバルーン**である。ほとんど同じ形状のものが市販されているので間違えようがないだろう。また馬に限らず、現在、マイラーバルーンには驚くほど多種多様な形状のものがあり、Amazonなどの通販サイトで容易に入手することができる。

もうひとつ、この手のもので最近話題になったものとして、2015年8月9日にロサンゼルスで3台のカメラによって撮影された**フライングヒューマノイド**がある。一見するとミシュランタイヤのマスコット

「ミシュランマン」のようにも見えるが、正体は映画『スター・ウォーズ』の**「ストームトルーパー」のマイラーバルーン**ではないかと指摘されている。

ソーラーバルーン（「100 foot solar bag launch」より）

●ワームタイプ

さらに、マイラーバルーン以外の不定形ＵＦＯも追っていこう。不定形ＵＦＯには「Ｂタイプ」と「Ｃタイプ」のちょうど中間のような**「ワーム」と呼ばれる不自然に細長く不気味に動くもの**がある。

「ワーム」はすべてがそうだとは言えないが、その多くが大気熱によって浮力を得る**熱気球（ソーラーバルーン）の誤認**であることが指摘されている。

●プロジェクト・ルーン

もう一つ具体例として挙げておきたいのが、２０１２年10月16日にアメリカのケンタッキー州、バージニア州、テネシー州の警察に多くの報告があった不定形ＵＦＯだ。

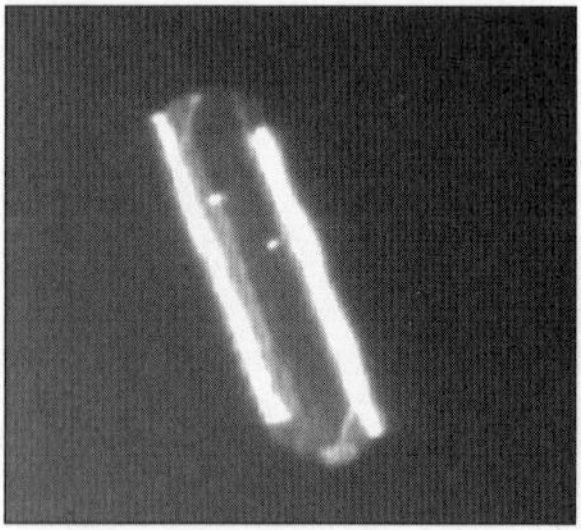

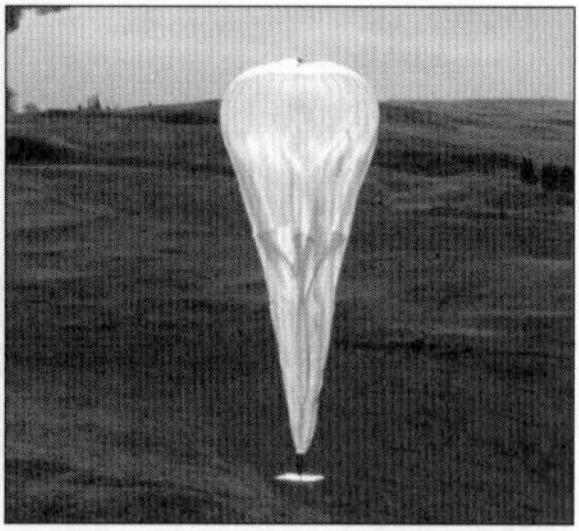

ケンタッキーの不定形UFO(左)とGoogleのプロジェクト・ルーンの気球(※④)

ケンタッキー州でアマチュア天文学者によって撮影されたそのUFOは、**並んだ2本の細長い円筒形の間に薄い半透明の膜がある**ような独特な形状をしており、現地のニュース番組などでも紹介され話題になった。

一見とても奇妙で神秘的なカタチをしているが、のちにこれはグーグル社の**「プロジェクト・ルーン」の気球**であったことをワイヤード誌が報じている。

プロジェクト・ルーンとは「Google X」という次世代技術を開発するグーグル社のチームによって推し進められているプロジェクトで、多数のバルーンを空に放ち、地理的な理由などでインターネットのインフラが整っていない地域でもネット接続を可能にしようとするものである。

このプロジェクトは2013年に正式に発表されたが、11年8月からテストが実施されていることがわかっている。

このプロジェクトで現在使用されているバルーンはケンタッキー州の不定形UFOとあまり似ていないが、テストで使われたプロトタイプは細長い円筒形で120フィート（37メートル）のバルーンであったとされ、ちょうど**この不定形UFOの形状と合致する**のだ。

●UFOとバルーン、金属から生きものへ

マイラーバルーンは1980年代あたりから一般に普及し出したものであるが、その原型はロズウェルに墜落したUFOの正体ともされる、**モーガル計画で使われたポリエチレン製バルーン**とされている。他にも正体がバルーンとされるUFO事件は数多く、UFOとバルーンの関係は長く深い。

当時、バルーンはメカニックな宇宙船と誤認されたが、現在ではこれまで見てきたように柔らかいUFOと誤認されるケースが増えている。

UFOがメカニックな乗り物とされたのは、急速に発展するテクノロジーへの畏怖や核戦争への恐怖、また比較的近い惑星から**宇宙人が地球にやってくる可能性を一般の人がまだ信じられる時代だった**ことが背景にあったのだろう。

時は過ぎ、今や当時に比べ核戦争の脅威は軽減され、知識の蓄積により他の惑星から宇宙人がやってくる可能性もあまり楽観的に考えられなくなっている。またバイオテクノロジーやナノテクノロジーのような、当時は不可能と考えられていた生命の根源に関わる科学技術

も発展してきている。そうした時代の変化が、この不定形ＵＦＯに反映されていると見ることはできないだろうか。

（秋月朗芳）

■注釈：

①画像の出典……ロケットニュース24「【クッキリＵＦＯ】イタリア・ミラノで謎の飛行物体が撮影される／発光しながら変形する様が不気味すぎる」より。

②画像の出典……左画像「Jonathan Castro（UFO Contacts）」右画像「Balloons in the Sky UFO Test」より。

③画像の出典…上段左「UFO Summoning The Horse 10/10/14 HD」、下段左「Humanoid UFO Anomaly Captured on 3 Cameras over Los Angeles, California」より。

④画像の出典……左写真「The Untold Story of Google's Quest to Bring The Internet Everwhere—by Balloon」、右写真「Project Loon」より。

■参考資料：

「マイラーバルーンの注意点」（ＷＥＢ　※現在リンク切れ）

「Google、成層圏気球インターネット計画 Project Loon を発表。ニュージーランドで試験開始」（ＷＥＢ）

怪奇現象FILE 14

【天才科学者が死の直前にUFOにまつわる秘密を暴露！】

ボイド・ブッシュマンの死の告白

伝説

２０００年にロッキード・マーチン社を退職したボイド・ブッシュマンは約40年にわたって兵器製造に携わり、シニア・サイエンティスト（研究主幹、上級研究員）の肩書を持った世界的に有名な技術者である。

彼は２０１４年８月７日に死去したが、その直前に驚くべき秘密をビデオで暴露した。アメリカ・ネバダ州の空軍秘密基地エリア51においてロズウェル事件で捕獲したＵＦＯに関係する反重力研究に携わり、宇宙人とも共同研究をしていたと告白したのである。このビデオは２０１４年10月にＹｏｕＴｕｂｅにアップロードされ、アクセス数は瞬く間に１００万回を超えた。ビデオで彼はエリア51、反重力、ＵＦＯ、エイリアンに関して以下のような驚くべき秘密を明らかにした。

・エイリアンの宇宙船は光より速く飛ぶことが可能で、彼らは68光年はなれた惑星クイントニア（Quintonia）から来ている。[※①]
・エリア51では18人のエイリアンが働いている。
・エリア51からは特別な宇宙航路がある。
・エリア51ではロシア人と中国人が反重力に関する共同研究をしている。

この驚くべきビデオは「ニューヨーク・デイリーニューズ」、「新華ニュース」、「ロシアの声」といったメジャー・メディアも取り上げ世界的な話題になった。ブッシュマンの技術者としての目覚ましい経歴・実績から、彼の告白は本当なのかもしれない。

真相

インターネットの2ちゃんねる用語に〝**ネタにマジレスカコワルイ**〟というのがある。〝**誰でも分かる冗談に真面目に反論するとは何と教養のない頭の悪いヤツだ**〟くらいの意味だ。YouTubeにアップロードされた誰が見ても怪しいビデオの検証など、まさに〝カコワルイ〟所業だがバカにされるのを覚悟で検証してみよう。

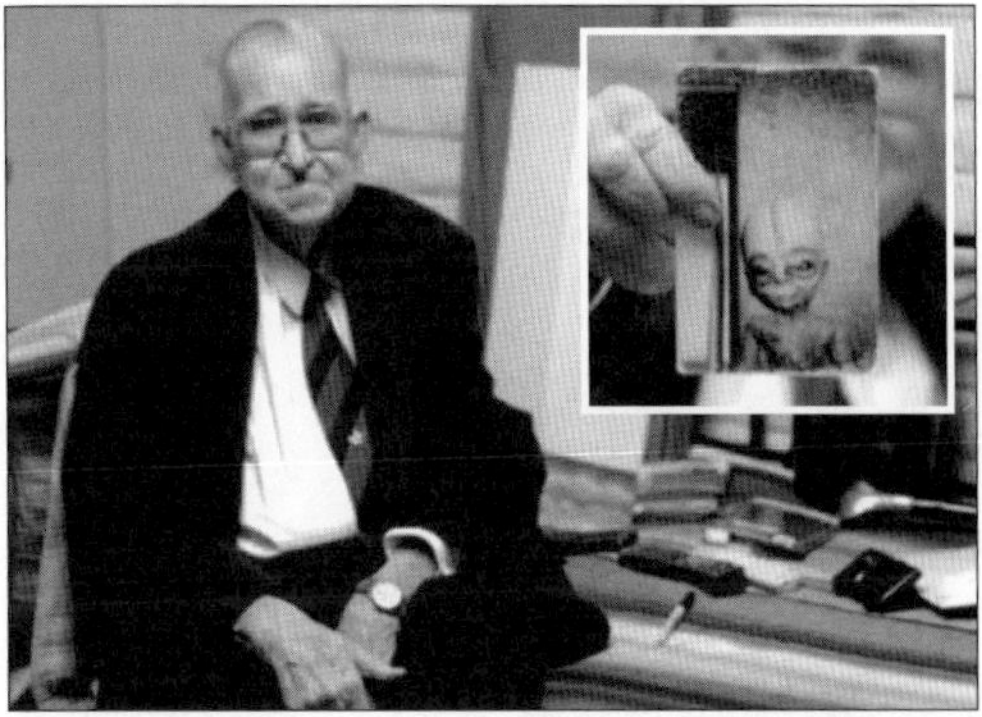
衝撃的な告白を行ったブッシュマンとエイリアンの写真（※③）

このビデオが公開されるとすぐさま、ビデオに映っているエイリアンは[※②]スーパーで売っているプラスティック人形そっくりだ、UFOや宇宙の風景写真もピンボケで今どきどんなカメラを使ったのか、など揶揄するコメントが飛び交った。

ブッシュマンの発言が真実なら、NASAは税金を何億ドルも使ってロケットを打ち上げる必要がないし、ロッキード・マーチン社がF-35戦闘機の開発で苦労するはずがない。**彼の証言を支える証拠は皆無だ**。

にも関わらず、その告白が一定の注目を集めたのは**「死の直前の告白」**であり、ブッシュマンが**「有名な航空会社で働いていた実績のある著名な科学者で技術者だった」**という情況証拠があったからだろう。

だが、「死の直前の告白」が常に信じられるとは限らない。UFOに関連した例では、光ファイバー、レーザー、集積回路のハイテク技術はロズウェルに墜落したＵＦＯからパクったという本を書いたフィリップ・Ｊ・コーソー大佐の事例がある。※④彼も**本を死の1年前（1997年）に出版**しているが、もちろん**内容はデタラメ**で、いずれの技術も発明者はノーベル賞を受賞している。人間、死の直前はウソを言わないという話に根拠はない。

●ブッシュマンは天才科学者か？

では、ブッシュマンの経歴についてはどうだろうか。

ネットに残っていた墓碑銘から彼の経歴は「ブリガムヤング大学で科学（数学と物理）の学士号を取得」「ミシガン大学でＭＢＡ（経営学修士）を取得」「主に国防産業の仕事に従事」となっている。日本の大学との対比はしにくいが、学歴は**理学部数理・物理学科卒業**くらいであろうか。数学と物理の基礎は理解しているかもしれないが、修士・博士の学位を持っておらず、**経営者なら彼に本格的なハイテク技術開発を任せられるか不安**である。最終学歴のミシガン大学ＭＢＡから判断して、**会社での仕事は主に管理運営部門**だったと思われる。

勤務した会社と業務を調べると、彼のホームページがアーカイブに残っていた。その内容を見ると、いわゆるハイテク技術の開発に直接携わったのは、79年から87年のテキサス・インスツルメンツ社時代のみで、それ以外は**主に製造技術の管理・調整に従事**している。その経歴から受ける彼のイメージは、反重力を研究する天才的な科学者・技術者ではなく、メーカー関連会社を渡り歩き製造管理部門で働いた**実直かつ有能な技術者**である。

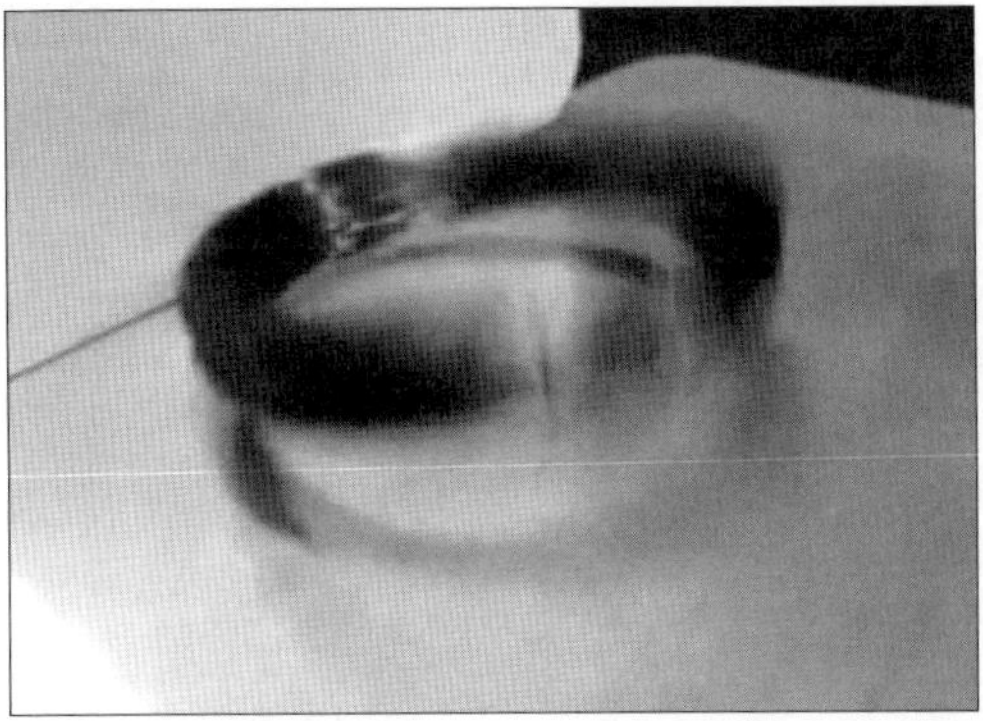

ブッシュマンが反重力のデモとして見せた浮遊するコイル（※⑤）

科学者の実績は、過去にどんな論文発表をし、その論文がどれくらい引用されているかで決まる。そこで、グーグル・スカラーで〝B Bushman Lockheed〟と入力し検索してみた。特許文書がいくつか見つかったが、査読付きのジャーナルに掲載された**学術論文は一編も見つからなかった**。

論文を一編も書いていない研究者はアカデミック業界では相手にされない。彼が大学や研究所の教員・研究者公募に応募しても**箸にも棒にもかからないだろう**。

実際、ブッシュマンは電気の基礎すら理解していなかった節がある。彼はビデオの中で、銅線を巻いたコイルをアルミ板の上に置き、交流を流すとコイルが浮き上がる映像を見せて反重力のデモだと言っている。電気の知識が少しあれば、これは**渦電流による反発現象**であることがすぐにわかる。

この現象は昔からよく知られており、前ページの写真をひっくり返せば、交流コイルの上にアルミ板が載っていることになるが、これは最近**オール電化で用いられる**[※⑥]**IHの原理**である。その昔、NHKの人気番組『プロジェクトX』で放送されたパナソニックのIH開発物語の中で鍋が浮き上がる現象に苦慮する逸話が出てくる。IHでは鍋が浮いては困るのである。**ブッシュマンがこの現象を理解していないことは明らか**である。

●ブッシュマンは天才技術者か？

グーグル・スカラーで検索すると彼が取得した特許が出てくる。登録番号からこれらはすべて特許として認められているが、内容を見ると首をかしげたくなるものがいくつかある。例えば標題が〝Wave attenuation（公告番号：5420588）〟。訳すると**〝電波を減衰させる方法〟**だろうか。

内容は左ページのイラストにあるように、航空機の機体表面に直流高電圧（約20万ボルト）をかけて機体にプラス電荷を帯電させ、機体からのレーダー反射を小さくしようという**スティルス技術に関する特許**である。アイディアは次のようなものだ。

電波が金属に当たると金属中の自由電子が電波の周波数で揺さぶられる。揺さぶられた電子は電波を放射し、この放射した電波が反射波になる。ブッシュマンのアイディアは、金属をプラスに帯電すればマイナスの自由電子は[※⑦]プラス電荷に引き付けられ、揺さぶられにくくなる。従って自由電子からの放射、すなわち反射波も小さくなる、というものである。申請書によると、実験では20万ボルトの電圧で反射波のエネルギーが1／2～1／30に減少したとある。

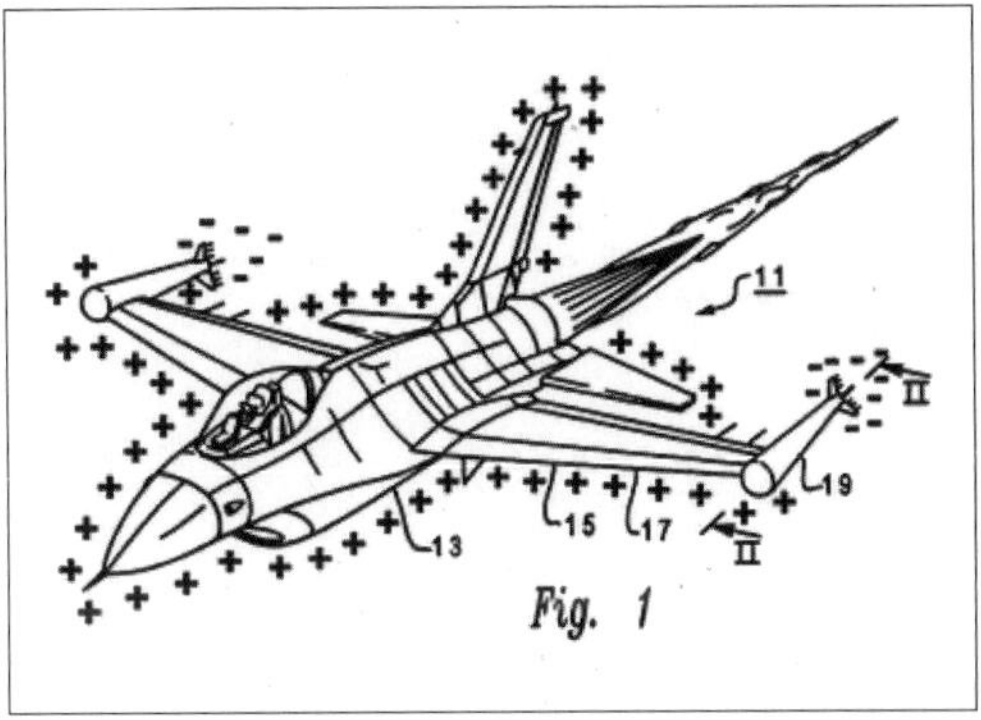

ブッシュマンの特許申請書にあったスティルス技術の図案

この特許内容が**本物ならスゴイ技術**である。帯電によりレーダー反射を抑えられるということは電荷付加で金属の性質、たとえば抵抗を変えることが可能、さらに言うと高電圧をかければ金属の性質を変えることができるということだ。

その応用範囲はとてつもなく広がり、**電気文明を変える技術革新**の可能性がある。

筆者（加門）ならエリア51での怪しい反重力研究は止めて、この技術の研究に打ち込む。特許書類だけで済ませることはない。

●「画期的な特許」を検証する

　しかし不思議なのが、こんな簡単な技術がどうして１９９６年まで見つからなかったのかということだ。帯電した金属からの電波の反射は実験室や野外でしばしば起きる。例えば**航空機は雷雲を通ると帯電する**が、そのとき**レーダー画像が変化するような話は聞いたこともない**。ステルス技術は世界中の科学者・技術者が血眼になって研究していた。こんな単純な技術が１９９６年まで見つからなかった、とは信じがたい。

　そこでブッシュマンの理論を計算して検証してみることにした。

　ひとまず機体に使われている[※⑧]アルミニウム外板だけを考えてみることにする。

　外板の総面積を20メートル×20メートル×１ミリのアルミニウム板と同じとする。

　この機体に20万ボルトの直流電圧を加えてプラス電荷を貯める。どれくらい貯まるかは機体の形で決まり、飛行機のような複雑な形の場合はコンピュータを使った計算が必要だが、簡単な形なら紙と鉛筆で計算できる。

　機体を球形として計算すると約７・８４７×10^{15}個の自由電子を外板から外に流出させることになる。アルミニウム外板の中にある自由電子の数は約７・２２４×10^{28}個である。つまり、アルミニウム外板にプラス20万ボルトの電圧をかけると、自由電子の数が**約92兆分の１だ**

け少なくなる。これは要するに、72・24キロの体重が72・2399999999キロに減る、と主張するのと同じことである。このことに何か意味があるだろうか？

これほどわずかな自由電子の減少で、電波の反射が1／2とか1／30に減るとは考えられない。ここでの計算はあくまで大ざっぱなもので実際の飛行機との違いは大きいかもしれないが、**20万ボルトの電圧でレーダー反射は減らない**という結論は変わらないだろう。

特許申請書には〝レーダー反射波が減る理由については完全には明らかではないが〟と書かれており、その**理論的根拠はあいまい**だ。特許は登録できたからと言って画期的発明であるとは限らず、**実現不可能なトンデモ特許も多い**。その証拠に、なによりこの技術は利用されていない。

●ブッシュマンの告白の信ぴょう性は？

ロッキード・マーチン社の研究主幹だったボイド・ブッシュマンは、有能な技術者として関連会社を渡り歩き、その製造管理部門で大いに会社に貢献した。しかし**彼の科学知識は浅薄で**、とても実のある**研究成果が期待できる科学者・技術者とは思えない**。

ブッシュマンが言及する反重力がどんなものか想像もできないが、重力をキャンセルする力なら重力と何らかの関係があるはずである。

重力を研究するためには一般相対論を理解しなければならない。[9]この理論は実生活との接点が少なくこれまでは専門家しか興味を持たなかったが、今はGPS技術でも使われ、物理専攻の学生なら電気の理論（電磁気学）と同じように習う。

より簡単な電気の理論の理解さえ怪しいブッシュマンが、アインシュタイン方程式を理解しているとはとても思えない。そんな貧弱な科学知識で反重力研究が可能だろうか？　万々が一、エリア51で空軍が本当に反重力研究をしていたとしても、**ボイド・ブッシュマンを反重力の研究者として税金で雇用することはない**だろう。

（加門正一）

■注釈：

※①**エイリアン**……ブッシュマンによると、エイリアンは身長約1・5メートルで、年齢は200歳以上にも達し、人類よりも約30パーセント長い5本の指を持ち、足の指も5本でくっついており、テレパシーを使って意思疎通をしているという。

※②**スーパーで売っているプラスティック人形**……ブッシュマンが見せた写真のエイリアンは、すでに海外の懐疑論者の調査によって、市販されているエイリアンのフィギュアであることが判明している。

※③**画像の出典**……「UFO's with Boyd Bushman and his last interview on Area 51 and UFO's over Tucson, Arizona」より。

※④**フィリップ・J・コーソー**（1915～1998）……アメリカ陸軍の元情報将校。死の前年に『The

Day After Roswell』（邦題『ペンタゴンの陰謀』二見書房）を出版。金銭的な目的があったとされる。

※⑤**画像の出典**……「boyd bushman anti gravity experiment 120v 3 tests.3GP」より。

※⑥**I H**……インダクション・ヒーティング。誘導加熱。電磁誘導の原理を用い、電流を流して発熱させること。近年では調理器具（IH調理器具）への応用が進んでいる。

※⑦**プラス電荷に引き付けられ〜**……金属中には自由に動くプラス電荷はないので、実際にはマイナスの自由電子を外に放出して外板をプラスに帯電させることになる。

※⑧**アルミニウム外板**……より正確に言えば、航空機に使われているのはアルミニウム合金だが、計算上はさほど問題にはならない。

※⑨**一般相対論**……1915〜16年にアインシュタインによって発表された重力の理論。1905年に発表された特殊相対性理論と対比して一般相対性理論とも呼ばれる。

■参考文献：

「UFO's with Boyd Bushman and his last interview on Area 51 and UFO's over Tucson, Arizona（YouTube）」（WEB）
「Boyd Bushman（Find a Grave）」（WEB）
「boydbushman.com（Internet Archive）」（WEB）
「Wave attenuation（公告番号：5420588）」（WEB）

怪奇現象 FILE 15

【NASAの太陽観測衛星が異星人の母船の撮影に成功!?】

太陽から給油する超巨大UFO

伝説

世界の宇宙開発をリードするNASA。そのNASAがまた、とんでもない映像の撮影に成功した。太陽から給油する超巨大UFOの姿をとらえたのである。

公開された映像は※①太陽観測衛星によるもので、太陽の近くに浮かぶ黒い影のような丸い物体がたしかに確認できる。それだけでなく、巨大UFOが太陽から何か黒いものを吸い上げている姿まで撮影している。これはUFOが太陽から給油——石油でないにしてもなんらかのエネルギーを吸収しているところを収めた、決定的な瞬間なのである。

だが、NASAはこの映像について相変わらず口をつぐんだままだ。そうまでして情報を隠すということは、このUFOはNASA、アメリカ政府公認で地球で活動する宇宙人の乗り物——その大きさからして母船の可能性がある。

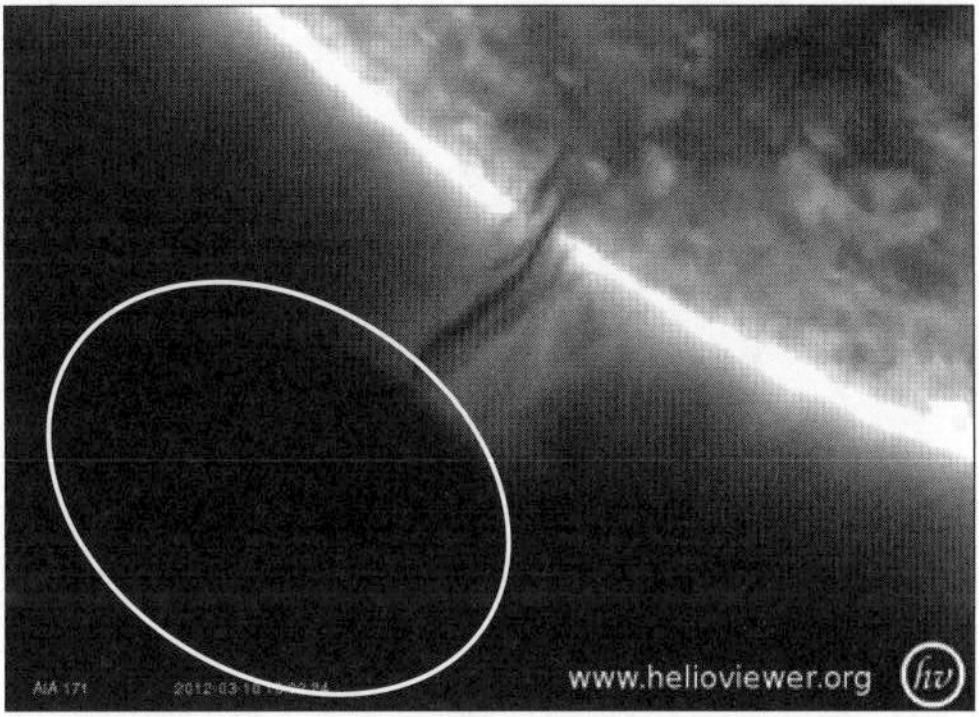

モノクロで見にくいが、白く囲った場所に黒い影がある（※②）

真相

太陽に絡んだＵＦＯ関連の話題は、実際のところかなり多い。そしてたいていの場合、それは**太陽観測衛星の映像や画像がきっかけ**になっている。

だが、そうした映像を見る際は注意しておかねばならないことがある。太陽観測衛星は、私たちが普段目にする**可視光線とは別の波長で観測を行っている**。そのため、記録された太陽の姿も、私たちがよく知る太陽とは違っている。そのことを頭に入れておかないと、とんでもない解釈をしかねない。

ここで取り上げる「太陽から給油するＵＦＯ」も、もとになったのはＮＡＳＡが打ち上げた**太陽観測衛星「ＳＤＯ」**の画像（映像）である。

ＳＤＯとは「Solar Dynamics Observatory」の

略で、日本語に訳せば「太陽活動観測衛星」ということになるだろうか。太陽で起きる様々な活動を観測するために2010年2月に打ち上げられ、2020年5月現在も観測を続行している。

SDOには3つの観測機器が搭載されている。※③極端紫外線で太陽を観測するEVE、磁場を測定して太陽の振動（日震という）を観測するHMI、EVEより幅広い紫外線・極端紫外線を観測できるAIAである。

せっかくなので、UFOが映っていると話題になったYouTubeの映像を見てみよう。タイトルに「AIA」とあることから、これは**SDOのAIAの映像**である。画面には日付も入っており、※④2012年3月10日に行われた観測であることがわかる。映像を確認してみると、たしかに太陽の近くに黒い物体があり、太陽からエネルギーを吸い上げているように見える。

だが、こういった映像は**静止画をつなぎ合わせたものがほとんど**であり、**実時間での状況を表していないことが多い**。実際、この映像も撮影年の隣に撮影時間の表示があるが、それが猛烈な勢いで進んでいる。これを実時間に合わせてスロー再生してみれば、何かを吸い上げるUFOの姿は**まったく違ったものになる**。

また、色についても気をつける必要がある。

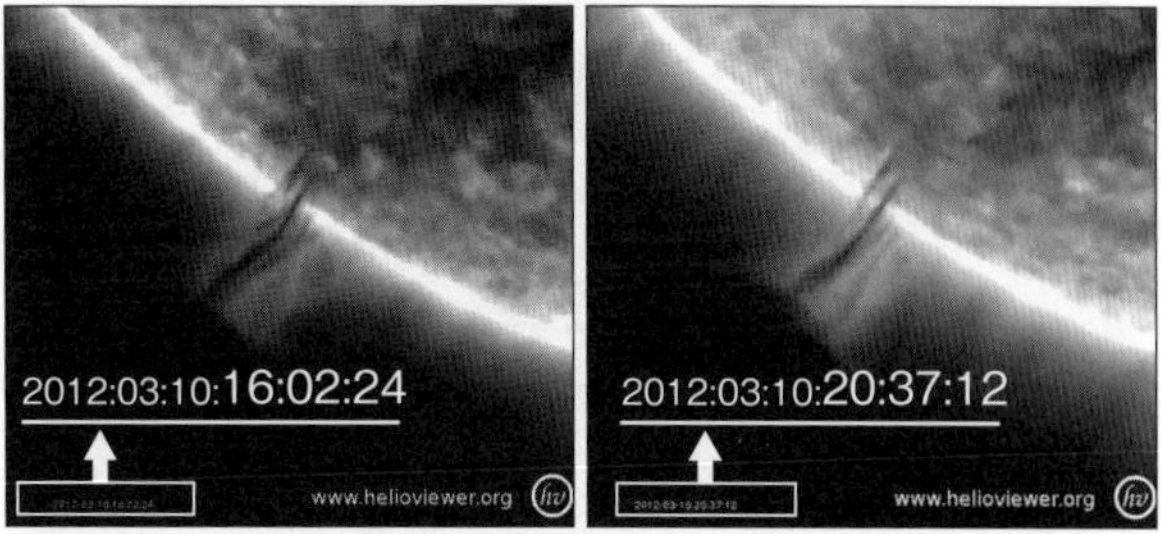

問題の動画を１秒間再生。当初左下のカウンターは「3月10日16時２分」を示しているが、１秒再生した後には「20時37分」になっている。

ＡＩＡは紫外線の領域で観測しているが、ご存知の通り、**紫外線は人間の目では感知できない**。極端紫外線もＸ線も目に見えるものではない。では、なぜそれらの領域で観測した映像が見えるのかというと、それは**人間の目で確認できるようにデータを処理しているから**である。そうしてできた映像にＵＦＯのようなものが映っていても、それはあくまで処理されたからそう見えるだけで、**実際は存在していない**こともある。

では、そもそもこの映像は何なのか。残念ながら、太陽観測の専門家ならこの映像を見るとすぐに「ああ、あれか」となってしまう。

この映像は、**ポーラー・クラウン・プロミネンス**という現象をとらえたものである。

プロミネンスとは、太陽の表面から出てくる磁力線に沿って、太陽の大気（彩層という）の一部が、上層の大気であるコロナに向かっていくように見える現象のことをう。

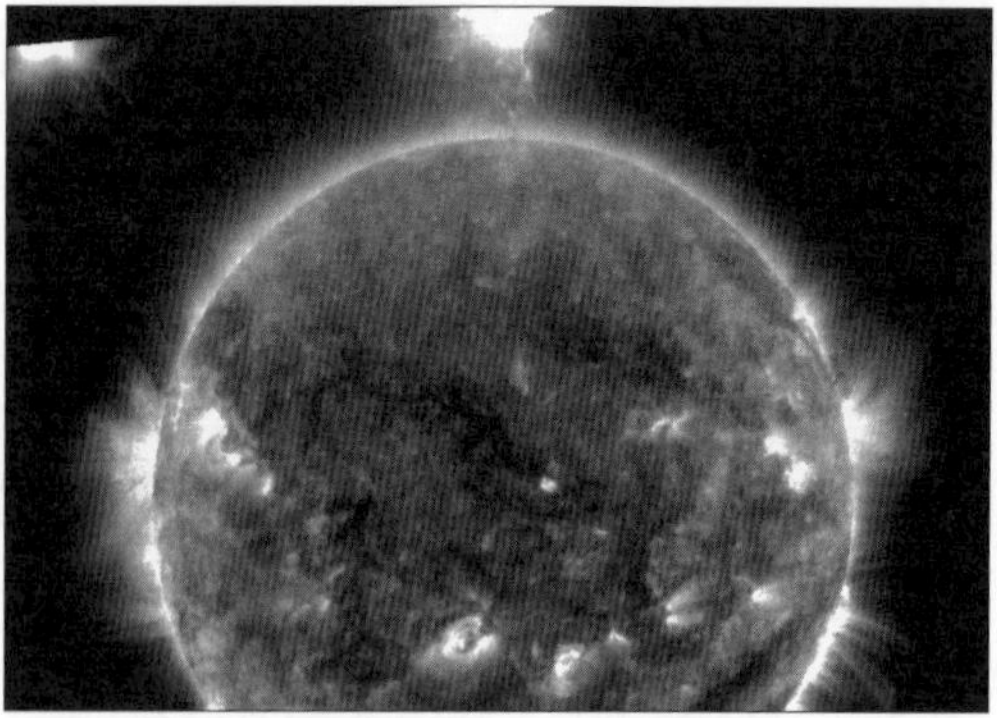

インターネット上で「太陽の近くに現れた巨大UFO」として話題になった写真。この画像もUFOではなくプロミネンスだ（※⑤）

いう。日食のときに、**太陽の表面から巨大な炎のようなものが立ち上る画像や映像**を見たことがあるかと思うが、まさにこれがプロミネンスである。

プロミネンスは、太陽表面から出てくる磁力線によっていろいろな形をとる。その中には、ちょうど空隙のように黒っぽい部分（「キャビティ」という）ができることもある。黒っぽくみえるので不思議に思うかもしれないが、**よくある太陽表面の現象**であり、宇宙船でも何でもない。

問題の動画も、SDOがとらえた、たまたま黒っぽく映っていたプロミネンスの活動をUFOだと思い、リアルタイムで撮影されたものでないことを忘れ、太陽からプロミネンスが噴き上がるのをUFOの燃料補給と考えてしまったのであろう。

太陽表面の現象の専門家で私の友人でもある、[※⑥]国立天文台の矢治健太郎さんに調べてもらったところ、このときの**太陽活動はかなり活発**だったようで、論文まで出ていた。しかも、その論文は今回のネタとなったＳＤＯのＡＩＡという機器のデータを使っている。何か学術的に面白いことが起きていたことは確かだが、**宇宙船というような意味での面白さではない**ということだ。

太陽に限らず、こういった宇宙の探査機がとらえた映像をみるときには、**私たちが肉眼でみているものとは異なっている（場合が多い）**ということに注意する必要がある。

「アポロは月に行っていないのではないか」という疑惑の時もそうであったが、宇宙の映像・画像を地球上の常識だけで早合点して解釈してはならないのである。

（寺薗淳也）

■**注釈：**

※①**太陽観測衛星**……太陽を研究するために打ち上げられる人工衛星。アメリカの「ＳＯＨＯ」が代表的だが、日本もＮＡＳＡなどの協力を得て「ひので」を打ち上げている。

※②**画像の出典**……「black sphere near sun 01」より。

※③**極端紫外線**……紫外線の中でも、波長が10ナノメートルより短く、Ｘ線にかなり近い波長のもの。

※④**２０１２年３月11日**……ただし、こういった科学観測はたいてい世界標準時で行われるので、日

本時間とは異なる可能性が極めて高い。

※⑤**画像の出典**……ＮＡＳＡの観測衛星ＳＯＨＯのホームページより。

※⑥**国立天文台**……１９８８年に設立された日本の国立天文研究機関。本部は東京都三鷹市。ハワイ島のマウナ・ケア山山頂にあるすばる望遠鏡をはじめ、国内外に観測所を持つ。

■参考資料：

「black sphere near sun 01（YouTube）」（ＷＥＢ）
「black sphere near sun 02（YouTube）」（ＷＥＢ）
Metabunk.org「Debunked: Giant Black Sphere Hovering Near the Sun」（ＷＥＢ）
NASA/GSFC「SDO – Solar Dynamics Observatory」（ＷＥＢ）
Cornell University Archive「Yingna et al., Magnetic Structure and Dynamics of the Erupting Solar Polar Crown Prominence on 2012 March 12」（ＷＥＢ）

怪奇現象FILE 16

【鮮明なUFO写真がグーグル・アースで発見された！】

喜望峰に現れた空飛ぶ円盤の写真

伝説

南アフリカの観光名所のひとつ、喜望峰。2011年、この場所をグーグル・アースで閲覧していたある人物が、パノラマ写真の中に奇妙な物体が写り込んでいることに気がついた。空飛ぶ円盤である。それは喜望峰一帯を収めたパノラマ写真の中にあり、空に浮かぶ銀色の円盤状の物体が、鮮明に写っていた。

この写真はグーグル社が公式に運営しているグーグル・アース内に収められている。撮影は同社が行っており、偽造の可能性はまず考えられない。

おそらく偶然、空飛ぶ円盤が飛行する姿を撮影してしまったのではないだろうか。とても貴重な写真である。

喜望峰の空飛ぶ円盤写真（※①）

真相

２０１５年11月現在、残念ながら、空飛ぶ円盤が写ったという写真は、グーグル・アースに残っていない。しかし、もとになった写真は、パノラマ写真の投稿・共有サイト**「360cities」**に残っている。

実は、問題の写真は、この**「360cities」から提供されていたもの**で、グーグルが撮影したものではなかった。撮影したのは、ヴァシリー・ニキテンコという人物である。「360cities」に登録されている情報によれば、２０１０年９月20日に問題の写真は撮影されたという。

ところが、この情報に対し、**海外のUFOファンから待ったがかかった**。写真に写っている空飛ぶ円盤と同じものが、**２００９年以前から海外サイトなどで出回っていた**というのだ。

これはどういうことか。情報を追ってみると、次のことがわかった。

もともと、2008年11月頃から、雲海に浮かぶ空飛ぶ円盤の写真と称するものが、ロシアをはじめとする海外サイトで流布。しかし、この写真は、**写っている雲が明らかにコピーされている**ことなどから、**偽造されたものであることは明らか**だった。

オリジナルのUFO写真とその検証画像（右上）。検証画像の囲み部分はコピーした雲。円盤自体も喜望峰のUFOと重なる（※②）

そうした中、この写真に写っている空飛ぶ円盤と同じものが、角度もそのままで切り取られ、まったく別の写真に現れる。それが、**喜望峰の空飛ぶ円盤写真**だ。

両者を見比べれば、オリジナルから切り取り、全体をややボカしてから貼り付けたものであることは明らか。細かく見ると、円盤の縁に、オリジナルから切り取る際、わずかに入ってしまったと思われる背景の白い雲の部分らしきものが残っていることがわかる。**フェイク写真を作るにしても、やり方は少々雑**だったようだ。

それにしても今回の件で感心するのは、空飛ぶ円盤の写真を見て、それが前から流布しているものだと看破した、**海外UFOファンたちの眼識**である。いくつもの写真を見てきたからこそ、わかったのだろうか。彼らの情熱と眼識には敬意を表したい。

（本城達也）

■注釈：

※①**画像の出典**……「Cape of Good Hope」より。

※②**画像の出典**……「HOAX! – UFO Over Cape Of Good Hope, South Africa,On Google Earth」より。

検証画像の作成は筆者（本城）が行った。

■参考資料：

「Cape of Good Hope（360cities）」（ＷＥＢ）
「AMAZING! Ovni UFO over South Africa, Google Earth（YouTube）」（ＷＥＢ）
「HOAX! – UFO Over Cape Of Good Hope, South Africa, On Google Earth」（ＷＥＢ　※現在リンク切れ）
「В Запорожье сбили НЛО」（ＷＥＢ　※現在リンク切れ）

怪奇現象FILE 17

タリバンを攻撃するUFO型戦闘機

【動画に映ったのはアメリカの秘密兵器なのか？】

伝説

2014年、衝撃的な映像が動画投稿サイト「YouTube」で公開された。草原の中の一本道にキャタピラの戦闘車両が停車しており、はるか前方上空にはUFOが一機滞空している。すると、突然、前方の砂漠で爆発が起こり、巨大な爆煙が広がる。この動画は、「タリバンを攻撃するUFO」として瞬く間に世界中に広まった。動画の最後には、三角形をした謎の飛行物体がはっきり映っている。

アメリカは秘密裏に円盤型の反重力航空機である「TR-3Bアストラ」（81ページ参照）を開発しているという噂がある。ひょっとすると、これは実戦投入されたTR-3Bの姿を捕らえた奇跡の映像かもしれない。

動画「UFO Attacks, Destroys Taliban Camp in Afghanistan.」より。UFOらしき物体が突然、空に現れる（左）。その直後、巨大な爆煙が生じる。

真相

この映像は２０１４年5月に最初に公開されている。「タリバン」とは言うまでもなく、かつてアフガニスタンを事実上支配していたイスラム原理主義組織だ。したがって、タイトルを信じるなら、この映像が撮影されたのもアフガニスタン国内ということになる。

ところがＹｏｕＴｕｂｅにはもうひとつ、**「アメリカの戦闘機　イラクで自動車爆弾工場を攻撃」**という動画がある。こちらはイラクで撮影されたものらしい。両方の動画を見比べてみると、**周辺の風景や爆発の状況、煙の流れまでまったく同じ**である。

ただし、問題の映像は、イラクの動画とは左右逆になっており、戦闘機の爆音やアメリカ兵の会話などの音声が消去されており、一部途切れがあり、最後に何の脈絡もなく三角形のＵＦＯ画像が挿入されている。

UFO映像のもとになった動画（「US fighter jet destroys car bomb factory in Iraq」）。ご覧の通り、UFOはまったく映っていない。

イラクの動画は、公開されたのが2007年10月5日となっている。どうやらタリバンを攻撃するUFOの動画は、**7年前のこの映像を反転させ、UFOを合成したもの**であるようだ。よく聞くと、問題の動画にはもとになった**イラクの動画のアメリカ兵の会話も少し消えずに残っている**。ようするにUFOともTR－3Bとも無関係の、**単なるフェイク動画だった**わけである。

●米軍による自動車爆弾工場の爆破作戦はあったのか？

ここで気になるのが、合成のもとになった動画の出所である。YouTubeでは撮影地はイラクだとしているが、この動画が撮影された2007年頃、本当にアメリカ軍はイラクで自動車爆弾工場を攻撃していたのだろうか。

この点を考えるため、イラク戦争の経緯を簡単に振り返ってみよう。

2003年3月17日、当時のブッシュ・アメリカ大統領は、イラクが湾岸戦争時の停戦条約に定められた大量破壊兵器の廃棄を行っていないとして、イラク大統領サダム・フセインと2人の息子に対し、**48時間以内に亡命するよう求めた**。もちろん、フセイン大統領がこうした条件を受け入れるはずもなく、3日後の3月19日（日本時間20日）、アメリカはイギリスなどと共にイラク攻撃を開始した。

開戦1ヶ月足らずの4月9日には**首都バグダッドが陥落**し、ブッシュ大統領は5月1日に作戦行動終了を宣言した。12月には逃亡していたフセイン大統領も拘束され、イラクは国連安保理決議第1483号に基づいて、「連合国暫定当局（CPA）」に一時的に統治されることとなった。

しかし、多国籍軍によるイラク統治は順調には進まなかった。

2004年になると、多国籍軍の支配に反対する勢力が武装闘争を開始した。その年5月に、アメリカ兵によるイラク人捕虜虐待が明るみに出たことで、この反対運動はイラク全土に広がっていく。さらに、アメリカとの闘争を目的としたアル・カーイダ等の過激組織もイラクに流入し、**イラクは事実上の内戦状態に陥った**のだ。

こうした混乱状態の中から、現在世界中の耳目を集めている「イスラム国」なるものが台頭してくるのだが、それら武装勢力が主要な攻撃手段として用いたのが、爆弾を内蔵した自動車による**自動車爆弾攻撃**であった。動画のタイトルにある自動車爆弾工場とは、こうした

自動車爆弾を密かに製造する施設を指している。

イラク国内の混乱に直面したブッシュ大統領は、２００７年１月10日になってイラクへのアメリカ軍大量増派を表明、各地でアル・カーイダ系の武装組織の大規模な掃討作戦を実施している。

イラクの画像が正確にいつ、どこで撮影されたのかは、具体的な作戦名も含め、今回の調査でははっきりしなかった。しかし、２００７年当時のイラクの状況を考えると、**こうした作戦行動が何度か行われたとしても不思議ではない**。ＵＦＯ動画のもとになった動画はその作戦のときに撮られたものである可能性は十分に考えられるだろう。

（羽仁礼）

■**参考資料：**

「UFO Attacks, Destroys Taliban Camp in Afghanistan.（YouTube）」（ＷＥＢ　※現在リンク切れ）
「US fighter jet destroys car bomb factory in Iraq（YouTube）」（ＷＥＢ）

怪奇現象FILE 18

【2015年に公開された宇宙人実在の決定的証拠】「ロズウェル・スライド」の正体

伝説

2015年5月5日、メキシコの首都メキシコシティにある多目的ホール、ナショナル・オーディトリアムで行われたイベントで宇宙人の遺体を写した「ロズウェル・スライド」が公開された。UFO研究家のドナルド・シュミット、トーマス・キャリー、リチャード・ドーラン、そして、ハイメ・マウサンによる公開だった。

宇宙人の遺体と思われる写真は、2014年の11月頃から海外のUFOマニアの間で宇宙人来訪の「決定的証拠」として噂になっていたものだった。

発見の経緯は次のようなものである。1989年に民家の屋根裏部屋を整理していたときに、大量のコダクローム※①のスライドが入った箱が発見された。スライドの中にはアイゼンハワー元大統領など、歴史的な重要人物も写っているものが含まれていたため、発見後も処分

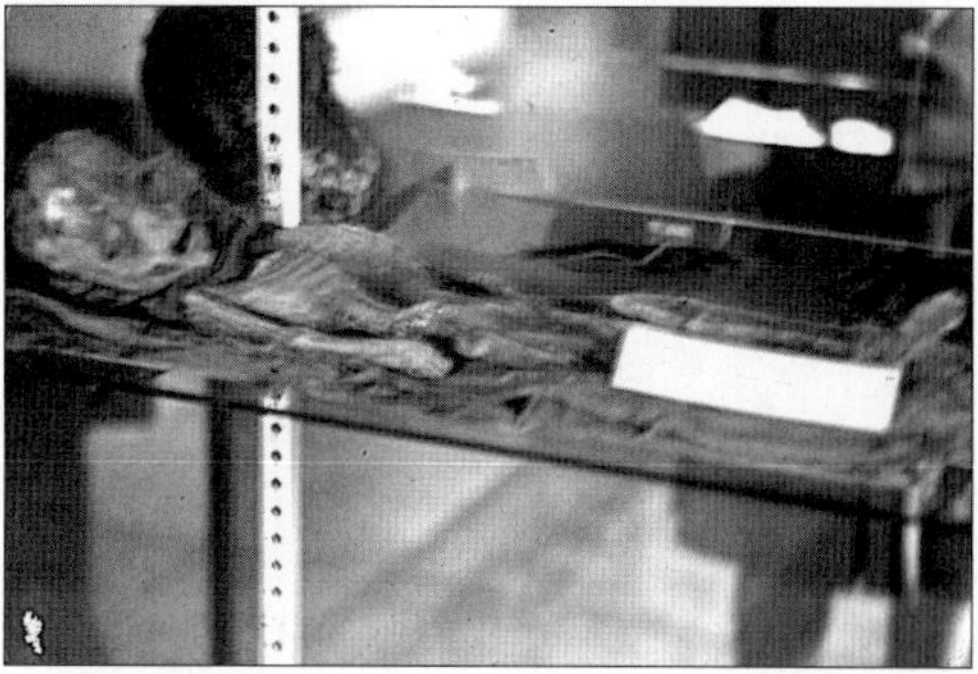
異星人の遺体を映したという「ロズウェル・スライド」

されずに保管されていた。10年後に箱を開けてみた際、大量のスライドとは別にフタの裏側に小さな包みが隠されていた。その中にあったのが宇宙人の遺体のようなものが写ったスライドだったのである。

スライドはキャリーとシュミットの手に渡り、調査されることになった。コダック社で鑑定された結果、スライドの※②スリーブ部分は同社で１９４２年〜４９年に使われていたものであることが判明した。さらに、スライドは１９４７年に作成されたものであろうとのことである。

１９４７年と言えば、そう、※③ロズウェル事件のあった年だ。このスライドはロズウェル事件で墜落したＵＦＯの異星人を撮影したものである可能性が高い。

真相

ロズウェル事件とスライドをつなげるものを探し

ても、事件のあった1947年のものという点と、頭が大きく身長の低い遺体がグレイに似ているということぐらいしかない。

先入観を持たずに写真を見た場合、多くの人の第一印象は「宇宙人の遺体」ではなく「子供のミイラ」というものではないだろうか。インターネットで「egyptian child mummy（エジプト　子供　ミイラ）」で検索してみると、良く似た画像がいくつか見つかる。ロズウェルスライドは宇宙人の遺体ではなく、**子供のミイラの可能性が高いだろう**。

スライドを詳しく見ると、宇宙人の遺体回収という大イベントに似つかわしくない特徴が見てとれる。まず「宇宙人の遺体」が収められた透明なケースは、質素ではあるが、**博物館で見られるショーケース**のように見える。写真の右下には展示物の説明が書いてあると思しき**プラカード**のようなものもあり、まるで展示物を写した写真のようだ。

仮にこのスライドが博物館のショーケースであるとすると、説明用のプラカードに書かれた文字が大きなヒントになるはずである。残念ながらスライドは手ブレが酷く、高精細なスライド画像からもプラカードに書かれた文字を読みとることはできなかった。

そこで海外のUFOマニアは**ブレを改善する画像加工プログラム**を用いてプラカードの解析を行った。その結果、辛うじて書かれている文字が推測できる画像を得ることができた。

プラカードに書かれていたのは、**「サンフランシスコのパルマー氏から借りている2歳児**

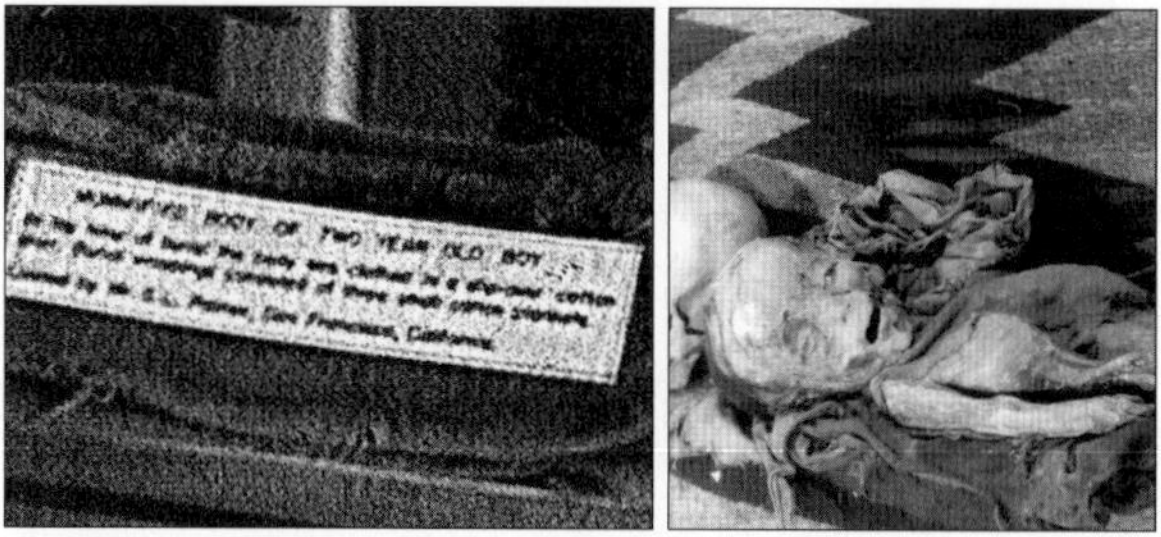

「ロズウェル・スライド」のプラカードを解析した画像（左）とメサ・ヴェルデ国立公園が開示した資料にあった発見当時のミイラの写真（右）

のミイラ※④**」**であった。

このプラカードの解析が正しければ宇宙人の遺体ではないことがはっきりする。マウサンの陣営は解析結果にものいいをつけたが、別方面から解析が正しいことを裏付ける資料が見つかった。この文章に類似する文章としてメサ・ヴェルデ国立公園の文章（メサ・ヴェルデノート※⑤）が見つかったのである。

このノートの記載と解析されたプラカードの表記はほぼ一致しており、同一のものに対しての説明であることが明らかである。

ロズウェル・スライドの調査を行ったシェファード・ジョンソン氏は、さらなる証拠を求めるため、アメリカ合衆国国立公園局（National Park Service）に対し、情報開示請求をした。

２０１５年6月12日に開示された資料には、ミイラを発見した当時の写真と、ミイラの写真が添付されており、**今**

回のロズウェル・スライドのものと同一のミイラであることが確認できる。

資料によれば、このミイラは１８９６年に※⑥モンテズマ・キャッスルでＳ・Ｌ・パルマー氏が発見したものだという。モンテズマ・キャッスルもメサ・ヴェルデ同様にアメリカ先住民の居住区である。ミイラはロズウェル事件に関係がなければ、異星人とも関係がない。**幼くして命を落とした、アメリカ先住民の子どもだった**のである。

（蒲田典弘）

■注釈：

※①**コダクローム**……アメリカのイーストマン・コダック社（現・コダック社）がかつて製造していたリバーサルフィルム。通常の写真撮影に使われるネガフィルムに比べて、現像時の色が鮮やかで、スライドなどの投影に向くとされる。

※②**スリーブ**……スライドが入った袋のこと。

※③**ロズウェル事件**……１９４７年７月、アメリカのニューメキシコ州ロズウェル近郊の農地に墜落したＵＦＯの残骸を、アメリカ軍が回収したとされる事件。現在では残骸は、気象観測用の気球だったとされている。

※④**プラカードの原文**……プラカードに書かれていた原文は次の通り。

「MUMMIFIED BODY OF TWO YEAR OLD BOY　At the time of burial the body was clothed in a slip-over cottonshirt. Burial wrappings consisted of three small cotton blankets. Loaned by Mr. S. L. Palmer, San Francisco, California」

[訳文]

「2歳児のミイラ　遺体が埋葬された時は、プルオーバーのコットンシャツと3枚から成る小さなコットンブランケットにくるまれていた。このミイラは、カリフォルニア州サンフランシスコのS・L・パルマー氏から借りているものだ」

※⑤**メサ・ヴェルデ国立公園**……アメリカのコロラド州南西部にある国立公園。アメリカ先住民のアナサジ族の集落遺跡があり、世界遺産に指定されている。

※⑥**モンテズマ・キャッスル**……アリゾナ州にある国定公園。12世紀に建てられたアメリカ先住民のシナグア族の遺跡がある。

■参考資料：

OPEN MIND「Roswell UFO alien photo details revealed (Videos)」（WEB）

「MESA VERDE NOTES」September 1938 Volume VIII, Number 1.（WEB）

「MEVE_ChildMummyDocs_ForWeb.pdf」（WEB）

「Shepherd Johnson finds documents that finish the Roswell Slides」（WEB）

怪奇現象FILE 19

【アメリカ軍がUFOの研究をしていた？】

実在した!? アメリカ空軍UFO調査機関

伝説

日本ではUFOの問題は、なぜか軽く扱われる傾向がある。だが、欧米の先進国は違う。とくにアメリカでは国家プロジェクトとしてUFO[※①]の研究が盛んに行われている。UFOは人類にとって重要な問題である。日本もUFO後進国から脱するために、アメリカを見習い、国家レベルでの研究に取り組むべきである。

真相

UFO関連の話題でよく語られることに、**アメリカ政府がUFOの調査・研究をしている**というものがある。本当にアメリカ政府は、UFOの研究をしているのだろうか。

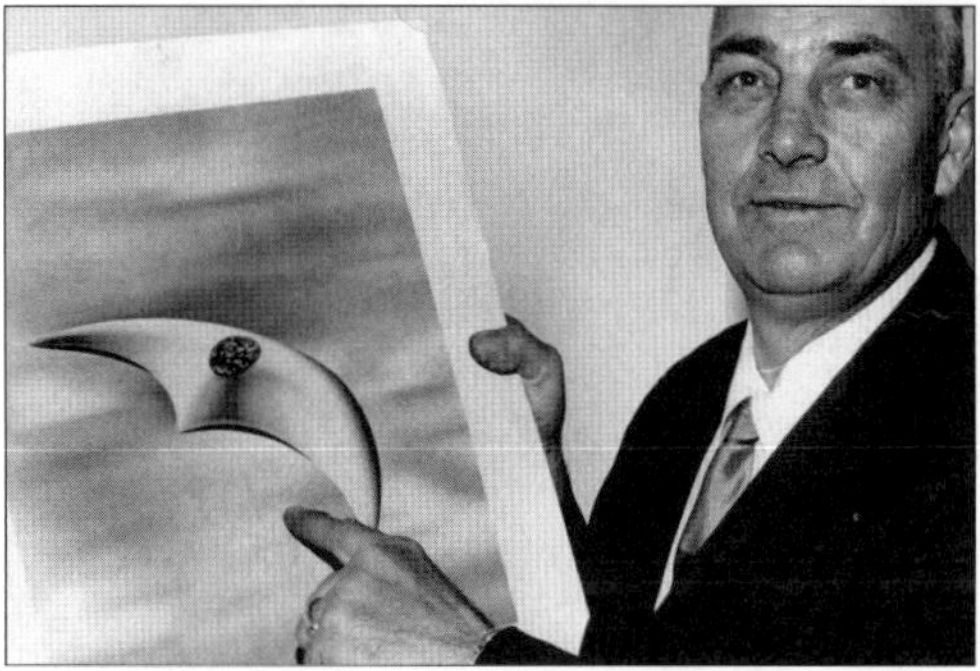

目撃したUFOのイラストを持つケネス・アーノルド

アメリカ空軍内には、たしかにＵＦＯを調査するプロジェクトがあった。だが、「ＵＦＯ＝宇宙船」との見解で調査していたのか、というと決してそうではない。あったとすれば、

それはＵＦＯの歴史の発端、１９４７年の「ケネス・アーノルド事件」[※2]の翌年に発足した、米空軍のＵＦＯ調査機関「サイン」の頃だけのはずだ。

　この最初のＵＦＯ調査機関は、当初、**ＵＦＯはソ連の秘密兵器**だろうと考えていた。

　そんなとき、ＵＦＯを追跡中の戦闘機が墜落するという**「マンテル大尉事件」**[※3]が起こる。大尉が報告したＵＦＯは当時の航空技術の枠を超えたものだったため、航空専門家は**「そのような航空機は作れない」**と主張。それがきっかけで調査機関内に「ＵＦＯ＝宇宙船説」を信じるグループが生じ、一時的に優勢になったことがあった。

　しかし、いくら調査を行っても宇宙船説の証拠はなかなか見つからなかった。

そうこうしているうちに、「サイン」は翌年「グラッジ」に改称され、その役割も**目撃者の心理面に重点を置いた調査**と、**ＵＦＯが超常的な存在でないことを周知させる広報活動**に切り替えられた。そしてそれ以降、空軍内部で「ＵＦＯ＝宇宙船説」が主流になることはなかったのである。

●米空軍はＵＦＯを真剣に調査していたか？

その後、グラッジはほとんど休眠状態になるが、１９５１年9月に「フォート・モンマス目撃事件」[※④]が起きたことで、ＵＦＯ調査再開の声が持ち上がる。翌10月には、**エドワード・Ｊ・ルッペルト大尉**[※⑤]を機関長とする「新生グラッジ」が始動。１９５２年3月には機関名が有名な**「プロジェクト・ブルーブック」に改称**され、**空軍によるＵＦＯ調査が正式に再開**されることになった。

ブルーブックはグラッジの頃とは違い、本格的なＵＦＯ調査を精力的に行っている。ルッペルトによれば「私とスタッフは50万マイルもの距離を飛び回った。我々は数十件のＵＦＯ報告を調査し、数千もの報告を読み、分析作業を行った」という。

しかし、それも長くは続かなかった。１９５２年7月、大量の未確認飛行物体がワシントンＤＣ上空に現れ、多くの市民が目撃するなか飛び回るという**「ワシントン事件」**[※⑥]が起きた

左から３番目の人物が「ブルーブック」のルッペルト機関長

ことにより、ＵＦＯを取り巻く事情が大きく変わったからだ。

この事件では、パニックに陥った市民から軍や国防省などに問い合わせが殺到。謎の飛行物体は1週間にわたって断続的に現れたため、政府機関は対応に追われ、一時的に機能が麻痺してしまった。

ワシントン事件は**「原因が気温※⑦逆転層によるもの」**と発表されたことで、一応は収束を見た。だが、この経験によってアメリカ政府は、ＵＦＯが敵国の秘密兵器や宇宙船でなくても、**国民のパニックを引き起こすことで、国防上の脅威になる**ことを痛感することになった。

そして、プロジェクト・ブルーブックの役割は、ＵＦＯ事件の調査研究から再び市民を安心させる広報活動にシフトしていくことになる。

●ＣＩＡが主導したＵＦＯ問題査問会

ＵＦＯ騒動でパニックに陥った市民の通報により、

機能が麻痺した政府機関。その様子に危機感を覚えたのがCIAだった。

「UFO報告が大量に発生すれば、軍の通信経路が妨害されるおそれがある」と考えたCIAは、有識者を集めてUFO問題を検討する会を開催しようとする。そうして1953年1月に行われたのが、カリフォルニア大学のH・P・ロバートソン博士を議長とし、多数の科学者や空軍関係者、CIA職員が参加した**「ロバートソン査問会」**[※⑧]である。

査問会ではプロジェクト・ブルーブックが集めたデータをもとに、様々な分析が行われた。その結果、査問会は「UFOには国家安全保障上、重大で直接的な脅威は見出されない」と判断、国民にワシントン事件のようなパニックを起こさせないために**「UFOに対する関心を減少させること」**、そのために**「UFO情報を厳格な機密下に置くこと」**などが決められた。

これにより、ブルーブックの調査研究に関する様々な計画は消滅する。ルッペルト大尉も他部署へと異動になり、ブルーブックの規模は大きく縮小されることになった。

だが、この査問会の指針がかえって市民に疑念を抱かせることになる。

民間のUFO研究団体は**「空軍はUFOに関する重大な事実を隠しているのではないか」**として活動を活発化、その規模を大きくしていった。そして、UFO情報の開示や、UFOに関する公聴会の開催を求め、政府や軍に強い圧力をかけるようになったのである。

●米政府は科学的なＵＦＯ研究をしたことがあるか？

60年代に入り、**「エクセター事件」**[※⑨]、**「ミシガン州・ヒルズデイル大学事件」**[※⑩]、**「ソコロ事件」**[※⑪]といったＵＦＯ事件が断続的に起きたことによって、ＵＦＯ調査に転機が訪れる。

プロジェクト・ブルーブックの活動を負担に感じていた空軍は、ついにＵＦＯから手を引くことを決断。空軍が行っていたＵＦＯの調査研究は、１９６６年４月にコロラド大学に設置された調査機関に委託されることになった。

この調査機関が、エドワード・Ｕ・コンドン博士[※⑫]を議長にした**「コンドン委員会」**[※⑬]である。

この委員会は、**ＵＦＯを科学的に調査することを目的**としており、様々な分野の科学者が参加することになっていた。だが、委員会がはじまってまもなく、その姿勢は必ずしも公平でないことが明らかになる。

コンドン博士はスピーチで「政府はＵＦＯに関わるのを止めるべきであり、ＵＦＯ現象は政府にとって無価値である」と発言。「大衆には客観的に研究していることをアピールし、逆に科学者にはＵＦＯなどまったく信じていないことをアピールする」と書かれた内部文書も流出したことで、委員会は科学的調査をすると謳《うた》っておきながら実際は**空軍の思惑でコントロールされている**のではないかとの疑いを抱かれることになった。

それに加えて、委員会を設置するコロラド大学にはアメリカ政府から多額の研究費（当初

30万ドル、最終的には52万5000ドル）が支払われることが判明する。

こうした事態に、宇宙船説も含めてUFOを公平に研究したいと考えていたメンバーは失望。多くの科学者が委員会を去ることになり、委員会は混乱をきたすことになる。

それでも委員会は継続され、約2年の月日をかけ、総勢36名の執筆者によって寄稿された、合計1000ページ以上に及ぶ最終報告書**「コンドン・レポート」**を発表する。

その結論は「過去21年間のUFO研究から科学的知識はまったく得られなかった。記録を注意深く調べた結果、**これ以上UFO研究を続けても、おそらく科学の進歩に貢献することはないだろう**」というものだった。

このコンドン委員会の最終報告を受けて、**プロジェクト・ブルーブックは**※⑭**1969年に閉鎖**された。それと同時に21年あまり続いたアメリカ空軍によるUFO調査研究の歴史も終わりを告げることになった。

●まとめ

これまで見てきたように、アメリカ政府によってUFOの調査研究が行われていたのは事実である。だが、そこで出た結論は**「UFO＝宇宙船説」を信じさせるものではなかったこ**とには留意しておく必要がある。

空軍によってＵＦＯが真面目に調査された期間はきわめて短く、「ＵＦＯ＝宇宙船説」を考慮した期間はさらに短い。**ほとんどの期間は大衆を不安にさせないための広報活動に費やされていた**というのが事実だろう。

思えば空軍が国防上の理由から未確認飛行物体としてのＵＦＯに関心を払うのは当然のことである。そして大衆をパニックに陥らせないためにＵＦＯ情報を隠さねばならなかったことも、当時の状況として必要だったはずだ。

しかしそれが逆に大衆の疑念や不安や関心を煽り、最終的には大金をかけてＵＦＯに対する結論を出さねばならなかったことは、歴史のダイナミズムとして興味深いところである。

（秋月朗芳）

■注釈：

※①**ＵＦＯの研究**……ＵＦＯというと「宇宙船」のイメージがあるが、本来は「未確認飛行物体」の意味で、正体が確認されていないあらゆる飛行物体が含まれる。

※②**ケネス・アーノルド事件**……１９４７年６月、自家用飛行機でワシントン州のレーニア山上空を飛んでいたケネス・アーノルドが高速で飛行する９個の発光物体を目撃した事件。現在でもその物体の正体は明らかになっていないが、「ペリカンの編隊の誤認説」などの説が出されている。

※③**マンテル大尉事件**……1948年1月7日、戦闘機に乗っていたトーマス・マンテル空軍大尉が、ケンタッキー州上空でUFOを追跡中に墜落した事件。物体の正体は海軍が飛ばした気球であったと考えられており、墜落の原因は高度を上げすぎたことによる酸素欠乏と推測されている。

※④**フォート・モンマス目撃事件**……1951年、アメリカ空軍のジェット機T－33のパイロットと同乗した空軍中佐が直径約10メートルの銀色の飛行物体を目撃した事件。

※⑤**エドワード・J・ルッペルト**（1923～1960）……アメリカ海軍の大尉。プロジェクト・ブルーブックの初代機関長。56年に空軍のUFO調査研究をまとめた「The Report On Unidentified Flying Objects」を出版した。

※⑥**ワシントン事件**……1952年7月19日から数日間にわたってワシントンDC上空に60を超える発光体が現れたという事件。軍のレーダーがとらえただけでなく、多くの市民も目撃したとされる。

※⑦**気温逆転層**……通常は高度が上がれば気温は低下するが、高度が上がるにつれて気温が上昇していく気象現象。ワシントン事件ではこの現象により、軍のレーダーが誤作動を起こしたとされる。

※⑧**ロバートソン査問会**……会議に参加したのは、物理学者のルイス・アルバレス博士、CIAのフレデリック・C・デュラント、物理学者のサミュエル・ゴーズミットなど。ブルーブックの天文学顧問を務めたアレン・ハイネック博士も参加している。

※⑨**エクセター事件**……1965年9月3日、ニューハンプシャー州エクセターで、2名の警察官と大学生が赤く光るUFOを近距離で目撃したという事件。

※⑩**ミシガン州・ヒルズデイル大学事件**……1966年3月21日の夜、ミシガン州のヒルズデイル大

学の女子寮の学生たちが赤や白、緑に輝く未確認飛行物体を目撃したという事件。

※⑪**ソコロ事件**……1964年4月24日、ニューメキシコ州ソコロでロニー・ザモラ保安官が着陸したUFOと小柄な搭乗者に遭遇したという事件。ブルーブックの顧問科学者であり、「UFO＝宇宙船説」に懐疑的なハイネック博士は「空軍がこれまで調査してきた中で最も重要なUFO事件」と評した。

※⑫**エドワード・U・コンドン**（1902〜1974）……アメリカの物理学者。第二次大戦中は原子爆弾を製造するマンハッタン計画に参加、終戦後にアメリカ物理学会の会長に就任した。

※⑬**コンドン委員会**……1966年から68年にかけて、コロラド大学に設置されたUFO調査機関。ブルーブックの資料をもとに調査研究し、68年に『コンドン・レポート』を発表した。

※⑭**1969年に閉鎖**……ただし元陸軍情報将校のルー・コービン中佐の主張では、その後の1972年から「オールド・ニュー・ムーン」と「ブルー・ペーパー」という2つのプロジェクトがあったという。しかし他ではこの情報の裏付けが取れていない。

■**参考文献：**

エドワード・J・ルッペルト『未確認飛行物体に関する報告』（開成出版、2002年）
エドワード・U・コンドン監修『未確認飛行物体の科学的研究（コンドン報告）第1巻』（本の風景社、2003年）
C・ピーブルズ『人類はなぜUFOと遭遇するのか』（文藝春秋、2002年）
デビッド・M・ジェイコブス『全米UFO論争史』（星雲社、2006年）

怪奇現象FILE 20

【2人の男性が異星人に誘拐され、宇宙船に連れ込まれた!】

パスカグーラUFOアブダクション事件

伝説

1973年10月11日（木）、ミシシッピー州[※①]パスカグーラの川岸で造船所の従業員チャーリー・ヒクソン（45）と彼の息子の同級生カルビン・パーカー（19）が釣りをしていた。しばらくして、突然、辺りにひっかくような音が鳴り響く。奇妙に思ったヒクソンが周囲を見回すと、5メートルほど先に奇妙な物体があるのに気がついた。

その物体は幅9メートル、高さ3メートルほどの大きさで、フットボールの端をもっと丸くしたような形状をしていた。それが点滅する青い光を放ち、地面から50センチほどの高さに浮いている。

物体を観察していると、中からシワだらけの体をした灰色の人型生物が3匹現れた。3匹は地面から浮いて移動し、ヒクソンたちに近づいてきた。そして腕をつかむと、謎の飛行物

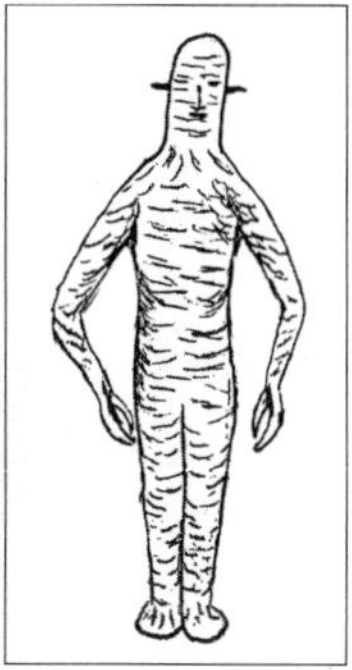

ヒクソン（左）とパーカー。右は２週間後に同僚が描いたエイリアン（※②）

体の内部に連行したのである。ヒクソンはその中で、巨大な目のような物体に身体検査をされたという。

　検査の後、しばらくしてヒクソンは解放された。外に出ると、パーカーがショック状態で立ち尽くしていた。その時、再び周囲にひっかくような音が鳴り響く。点滅する光を見た瞬間、謎の飛行物体は再び飛び去っていった。

　これが異星人による誘拐事件として名高い、「パスカグーラ[※③]ＵＦＯアブダクション事件」の概要である。

　一見、荒唐無稽なこの事件だが、作り話だと一蹴できない証拠もある。

　異星人から解放された直後、ヒクソンはパーカーを連れ、警察署を訪れている。警察署では事情聴取が行われ、２人の話す内容は秘密裏に録音されていた。その録音された内容が現在でも残っているのだ。

　また、ヒクソンは10月末にマスコミの要望に応えて、ウソ発見器のテストを受けている。試験の結果、テストを行ったオペレーターは「彼は本当のことを話している」と証言した。つまり、ヒクソンが嘘をついている可能性はきわめて低いということである。

ヒクソンとパーカーの身に何が起こったのか。彼らを連れ去った灰色の人型生物は何者なのか。事件の真相はいまだにわかっていない。

真相

この事件は1961年の「ベティー・ヒル夫妻事件」[※④]、1975年の「トラビス・ウォルトン事件」[※⑤]とともにUFOアブダクションが知られるようになった有名な事件である。

だが、この事件を最初から本当の出来事と考える読者は少ないだろう。

実際、事件を詳細に調査したフィリップ・J・クラス[※⑥]は「事件があったとする時間が証言のたびに変わる」「2人が描いたUFOの形が一致しない」「警察署で保安官に他言しないよう頼んだが、その前に新聞社の事務所に行っていた（事務所は閉まっていた）」「ウソ発見テストの結果は、オペレーターが未熟で、テスト時間も短く信用できない」「事件現場は見通しがよい場所だったが、他に誰もUFOを見ていない」などの点から、事件は手記出版[※⑦]によ

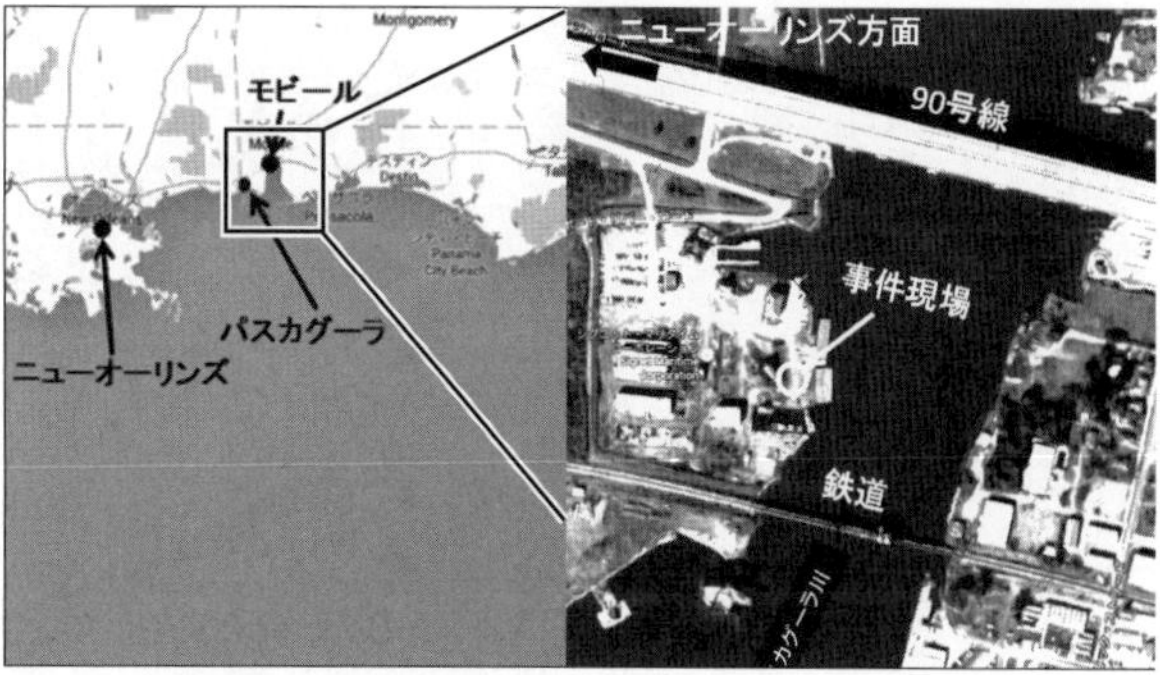

アブダクション事件があった現場（グーグルマップより）

る印税収入を狙った狂言ではないかと主張している。

●ヒクソンへのインタビューに成功！

実は、筆者（加門）は２００４年にパスカグーラを訪れ、事件の当事者である**チャーリー・ヒクソンをインタビューしたことがある**。

そのときの話をここで紹介しよう。

パスカグーラは、音楽の街として知られるニューオーリンズから車で2時間ほど走った場所にある。

まず事件の起きた場所を確認しようと、ガソリンスタンドで道を尋ねた。

対応してくれた主人はヒクソンのことを知っていると言い、コンビニで買った地図に事件現場とヒクソンの自宅を書き込んでくれた。

その後、さらに詳しい情報を得ようと商工会議所に立ち寄ると、地元の新聞社を紹介された。新聞社では

事件発生30周年を記念して書かれた2003年の新聞記事を見せてもらい、ヒクソンの電話番号を教えてもらった。

ついでに受付の職員に事件の印象を尋ねてみると、「UFOの存在は信じていない。だけど、**ヒクソンがなにか異常な体験をしたことは信じている**」という答えが返ってきた。どうやらヒクソンは地元の鼻つまみ者というわけではないようだ。

翌日、教えられた番号に電話をかけてインタビューのアポイントをとった。

電話口のヒクソンは**落ち着いた家族思いの人物**といった印象で、UFO関係者にありがちのエキセントリックな雰囲気はなかった。

ヒクソンの自宅は住宅街の奥まったところにあった。迷いながらなんとかたどり着くと、ヒクソンが筆者を待っていてくれた。家の前には大きなアメリカ国旗が掲げてある。聞けば、彼は朝鮮戦争に従軍した退役軍人で、勲章もいくつかもらっているという。

さっそくインタビューに入った。

彼が話す事件の内容は【伝説】にあるものと変わらず、1983年に自費出版した自著を見せながら、「詳しいことは全部、この本に書いてある」と言った。彼は「学校や大学で何度も講演をしたが、嘲《あざけ》りを受けたことは一度もない」「事件前はUFOについては何も知らなかった」と話してくれた。その話しぶりからは、**後ろめたいものは一切感じられなかった。**

ヒクソンの自宅（左）と自宅でくつろぐヒクソン（当時73歳）。ヒクソンは朝鮮戦争の退役軍人で、自宅の前に国旗を掲げていた。

だが、インタビューをしていてひとつ気になったことがある。ヒクソンはUFOや異星人の形状については詳細に証言している。しかし、**UFOが離着陸するところになると表現がとたんにあいまい**になった。

通常、大きく光るものが近くに飛んできたら、その様子は強烈な印象として記憶されるはずだ。しかし、ヒクソンは**「気がついたらUFOがいた」「UFOは目にもとまらぬ速さで飛び去った」**と説明するだけで、UFOが飛ぶ様子については自著にも詳しい記述がない。結局、このインタビューでも詳しい話を聞き出すことができなかった。

●デッチアゲ説は本当に正しいのか？

パスカグーラのアブダクション事件に対する懐疑的な見方は、主にヒクソンとパーカーの人間性を問題にしている。ヒクソンたちは金銭的に窮しており、インチキ話で金儲けを考えたというのが主張だ。

だが、2人が共謀していたという**決定的な証拠はない**。ヒクソンたちに金銭的な動機[※8]があったという批判も一方的だ。もしヒクソンのような異常体験を本当にしたとしたら、本を書けば売れるかもしれない程度のことは筆者でも考える。

パスカグーラのガソリンスタンドの主人や、商工会議所の女性職員、新聞社の関係者らはヒクソンをよく知っていたが、**彼に対する否定的な意見は一切聞かれなかった**。自宅がある地域のコミュニティーで彼が特別な目で見られている様子もなかった。

超常現象に懐疑的な研究者であるジョー・ニッケルは、2人はある種の**「金縛り**[※9]**（睡眠麻痺）」に陥ったのではないか**という説を主張している。

幻聴、体の麻痺、幻覚といった現象は、しばしば「金縛り」と同時に起きる。ヒクソンは酒を飲んだことをきっかけに金縛り状態に陥ったのではないかというのだ。

パーカーは事件が終わるまでほとんど気を失っていた。警察署で2人の証言が一致したのも、**パーカーが年長者のヒクソンの意見に同調したから**だとする。この主張が正しいなら、2人がUFOの発着を覚えていないことも説明できる。

だが、それでも疑問は残る。パーカーはUFOを見たり、異星人に会ったことを明確に証言している。2人同時に金縛りになったとして、**同じ幻覚を見ることがあるのだろうか**。

ヒクソンに直接会って話を聞いた印象では、事件が2人の共謀によるデッチアゲだとは思えなかった。ただし、その証言にはあいまいな点があり、ヒクソンたちが体験したことが本当にあった出来事だと信じることもできない。いまのところ言えるのは、このパスカグーラUFOアブダクション事件は、**UFO事件の不可解さを示す事例のひとつ**ということだけだ。

ヒクソンは2011年9月9日に80歳で亡くなった。だが、もうひとりの事件の当事者である**パーカー氏はまだ存命**だ。もしかすると将来、彼の口から決定的な証言が出てくるかもしれない。

（加門正一）

■**注釈：**

※①**パスカグーラ**……アメリカ合衆国南部のミシシッピ州ジャクソン郡の都市。人口は2万1000人（2018年）。同国最大級の造船所があり、造船の町として知られている。

※②**画像の出典**……「Open Minds」より。

※③**UFOアブダクション**……UFOや異星人による拉致誘拐事件のこと。英語圏ではこの事件は単に「Pascagoula Abduction」と呼ばれることが多い。

※④**ベティー・ヒル夫妻事件**……1961年9月、アメリカのニューハンプシャー州で発生した異星人による夫婦の誘拐事件。2人を診察した医師は妻が繰り返し見ていた悪夢の影響を受けた幻覚ではないかとの見解を示した。

※⑤**トラビス・ウォルトン事件**……1975年11月、アリゾナ州の国有林で働くトラビス・ウォルト

ンがＵＦＯに誘拐された事件。ウォルトンを診察した医師は麻薬の禁断症状による幻覚を疑っている。

※⑥フィリップ・Ｊ・クラス（１９１９〜２００５）……アメリカのＵＦＯ研究家。懐疑的な立場で調査に取り組んだ。パスカグーラ事件に言及したのは、“UFOs Explained”（1976）という書籍。

※⑦**手記出版による印税収入を狙った狂言**……雑誌『ローリング・ストーン』誌の記者エスターハスは「ヒクソンは過去に金銭問題で会社を解雇されたことがある」「２人の弁護士が話を１００万ドルくらいで買ってくれそうな出版先を探していた」ことを指摘している。

※⑧**金銭的な動機があったという批判**……ヒクソンによれば金銭的な話はすべて弁護士から出たもので、それを知ったヒクソンは弁護士を解雇し、また金銭的トラブルも誤解だと自著に書いている。

※⑨**金縛り**……就寝中に体は脱力しているのに、脳が覚醒している状態。幻覚をともなうことが多いため、しばしば心霊現象と結び付けられる。寝不足や過労、過度のストレスなどが原因とされている。

■参考資料：

Charles Hickson and William Mendes『UFO Contact at PASCAGOULA』(1983)

「All They Meant to Do Was Go Fishing（UFO Casebook)」（ＷＥＢ）

Philip J. Klass『UFOs Explained』(Vintage Books, September 1976)

カーティス・ピーブルズ著、皆神龍太郎訳『人類はなぜＵＦＯと遭遇するのか』（文藝春秋、２００２年）

Joe Nickell「Famous Alien Abduction In Pascagoula: Reinvestigating A Cold Case」（ＷＥＢ）

「Calvin Parker tells his story of Pascagoula's famous UFO incident 40 years later」（ＷＥＢ）

【第三章】

人類の未来を見通す
「大予言」の真相

怪奇現象 FILE 21

【地球を支配する秘密結社「イルミナティ」の計画か？】

世界情勢を予言「イルミナティ・カード」

伝説

２０１２年11月2日にテレビ東京系列で放映された『ウソかホントかわからない　やりすぎ都市伝説スペシャル２０１２秋』の中で、自称「都市伝説テラー」の関暁夫氏[※①]が、こんな話を紹介している。

関暁夫「イルミナティ[※②]には様々な都市伝説があるんだけどね。その中でもさ、何の目的か分からないカードゲームがさ、アメリカで発売されてたんだよね。その名もさ、イルミナティ・カードっていうものなんだよね」

ナレーション「イルミナティ・カードとは、闇の支配者となって世界を征服するというカードゲーム。１９９５年にアメリカで発売され、わずか1年で、何者かの圧力によって

【図1】「イルミナティ・カード」と呼ばれる「INWO」のスターター・セット。筆者（山本）所有。

【図2】〈テロリストの核〉と【図3】〈ペンタゴン〉

販売中止となった幻のカード」

このカードゲームには、驚くべきことに、6年後に起きる同時多発テロが予言されていた。〈Terrorist Nuke テロリストの核〉というカードではニューヨークの世界貿易センターを思わせるビルが爆発している【図2】。〈Pentagon ペンタゴン〉というカードではペンタゴン（米国防総省）が炎上している【図3】。

他にもこのゲームには、〈Earthquake 地震〉〈Tidal Wave 津波〉〈Nuclear Accident 原発事故〉という、２０１１年3月の東日本大震災と福島第一原発の事故を予言しているとしか思えないカードもある。また、〈Combined Disaster 複合災害〉というカードでは、銀座の和光を思わせる時計台が崩れていて、その前を人が逃げまどっている。この時計台の針は「3」と「11」を指している。3月11日の東日本大震災を暗示しているのである。

そのため、これはただのゲームではなく、世界を影で支配する秘密結社の計画を示すものと考えられている。

真相

まずは基本的な解説から。俗に「イルミナティ・カード」と呼ばれているゲームは、正式名称は『Illuminati : New World Order（イルミナティ：新世界秩序）』、略称はＩＮＷＯ。アメリカのスティーブ・ジャクスン・ゲームズ（以下、ＳＪゲームズと略す）が１９９４年12月に発売したトレーディング・カードゲーム（ＴＣＧ）である。

『やりすぎ都市伝説スペシャル』では「何の目的か分からないカードゲーム」「幻のカード」などと、謎めいていて入手困難なゲームであるかのように思わせ、ＴＣＧのことをよく知らない視聴者に間違った印象を与えている。実際には、**発売当初は普通にゲームショップに並んでいたし、今でもＡｍａｚｏｎで簡単に手に入る程度の代物**である。

また、発売されたのは「１９９５年」ではなく１９９４年だし、「わずか1年で、何者かの圧力によって販売中止となった」などという事実もない。その証拠に、１９９６年に追加セット『INWO Assassins』が、1998年に『INWO SubGenius』が発売されている。
『やりすぎ都市伝説スペシャル』が流した情報は**大嘘**なのである。

●ベストセラーに便乗した企画

【図4：左】『The Illuminatus!』原著と【図5：右】
1982年発売のカードゲーム『イルミナティ』

1975年、ロバート・シェイとロバート・アントン・ウィルソンの小説『The Illuminatus!』三部作が出版された【図4】。アトランティスの時代から20世紀に至る歴史の背後で暗躍した秘密結社の陰謀を描いたもので、発売されるや、当時のポップ・カルチャーや神秘主義のブームに乗って、**アメリカで100万部の大ベストセラーになり、陰謀論ブームを巻き起こした。**

SJゲームズはこのブームに便乗し、1982年、陰謀論を題材にしたカードゲーム『イルミナティ』を発売する【図5】。INWOの前身だが、この時点ではまだTCGではない。プレイヤーは〈バヴァリアのイルミナティ〉〈バミューダ・トライアングル〉〈クトゥルフのしもべ〉〈ＵＦＯ〉などの陰謀組織を演じ、様々なグループのカードを支配して勢力を拡大、他の組織を妨害しつつ勝利を目指す。

カードゲーム『イルミナティ』は大ヒットし、この年にオハイオ州で開催された「オリジン・インターナショナル・ゲームエクスポ」でオリジン賞のベスト・サイエンス・フィクション・ボードゲーム賞を受賞した。その後も何度も追加キットが発売されたり、改訂版が出たりしている。**このヒットを機に、ＳＪゲームズは自社のマークを例の[※③]「ピラミッドからのぞく目」にした**。ＳＪゲームズの公式サイトでも、このマークが大きく表示される。

その後、１９９３年に初のＴＣＧ『マジック・ザ・ギャザリング』が大ヒット。アメリカではそれに便乗して、各社からＴＣＧが雨後の筍《たけのこ》のように発売された。ＳＪゲームズもこのブームに乗って、ヒット作『イルミナティ』をＴＣＧ化、１９９４年に発売する。それがＩＮＷＯなのである。このゲームもオリジン賞で１９９４年度のベスト・カードゲーム賞を受賞している。

●フルフォード氏のデタラメな解説

関暁夫氏が参考にしたと思われるのは、[※④]ベンジャミン・フルフォード氏の２００８年11月

8日のブログだ。

1990年3月1日アメリカのゲーム会社がＩＮＷＯ（Illuminati：New World Order）というカードゲームを発売しようとした。そうしたところシークレットサービスや警察がこのゲーム会社を家宅捜査し、事実無根の詐欺罪で訴えた。しかし結局ゲーム会社は裁判で勝訴し、1995年にＩＮＷＯ（Illuminati：New World Order）は無事発売になり、瞬く間にベストセラーとなった。その後当局からなど様々な圧力がかかり発売中止となった。

事実はどうだったか。1990年3月1日、テキサス州オースティンにあるＳＪゲームズのオフィスが、武装したシークレットサービスの捜査官による強制捜査を受けた。テーブルトークＲＰＧ『ガープス・サイバーパンク』の開発に携わっていた社員の一人が、コンピュータ犯罪に関わっていると疑われたからである。捜査官たちはマヌケなことに、『ガープス・サイバーパンク』の原稿を**「コンピュータ犯罪のハンドブック」と思いこんで押収した。**

他にも多数のコンピュータやハードウェア類を押収され、業務を妨害されて多大な損害を蒙《こうむ》ったＳＪゲームズは、シークレットサービスを訴えた。1993年に勝訴し、損害賠償額5万ドル、弁護士費用25万ドルを勝ち取っている。

この件はカードゲーム『イルミナティ』ともＩＮＷＯとも何の関係もないのだが、なぜかフルフォード氏はごっちゃにして解説している。そのうえ、シークレットサービスがＳＪゲームズを「訴えた」と事実と正反対のことや、「当局からなど様々な圧力がかかり発売中止となった」などというありもしないことまで書いてしまった。

こうした情報の真相は、ネットで検索すればすぐ分かることばかりである。だが、日本の陰謀論者の多くは、まともな情報にアクセスしようとせず、フルフォード氏のデタラメな解説を鵜呑みにしているのだ。

●一致するのは偶然ではなく必然

では、ＩＮＷＯのカードの絵が９１１同時多発テロを予言していたように見えるのはなぜだろう?

注意しなくてはならないのは、ＩＮＷＯには他のＴＣＧと同じく、**数百種類のカードがあり、すべて違う絵が描かれている**ことだ。人物、国家、組織、グループを示すカードの他に、〈世界的飢饉〉〈エネルギー危機〉〈竜巻〉〈ハリケーン〉〈火山噴火〉〈隕石衝突〉〈石油流出〉〈革命〉〈第三次世界大戦〉などなど、想定されるありとあらゆる事件や災害のカードがあるのだ。様々なことが描かれた何百枚ものカードがあれば、その中にたまたま実際の事件と符

【図6】〈アトミック・モンスター〉と【図7】〈ロボット・シー・モンスターズ〉【図8】〈ヤカティズマ〉。説明によれば、「オリオン座から来た宇宙暴走族の乗る恒星間チョッパー」とのこと

合するものが何枚かあるのは、偶然ではなく必然である。〈地震〉や〈津波〉や〈原発事故〉のカードがなかったら、逆におかしいのだ。

ふざけたカードも多い。都会を襲うゴジラのような怪獣〈アトミック・モンスター〉【図6】、巨大なロボットのイカ〈ロボット・シー・モンスターズ〉【図7】、当時のブームに便乗した〈恐竜パーク〉、ビルを切断する巨大な回転ノコギリ〈ヤカティズマ〉【図8】などだ。

そう、INWOは**冗談ゲーム**なのである。

日本の怪獣映画で東京タワーが何度も壊されているように、カタストロフものではその土地の有名なランドマークが破壊されるのは定番である。テロリストが核爆弾を爆発させるというカードに、アメリカ一高いビル（当時）である世界貿易センターのツインタワーが描かれていても、何の不思議もない。

【図９】〈複合災害〉と時計の針の部分を拡大した画像。時計の針が「３」と「11」を指している？

また、ＩＮＷＯ発売1年前の１９９３年、世界貿易センターで爆弾テロが起きている。地下駐車場で６００キログラムの爆薬が爆発し、６人が死亡したのだ。〈テロリストの核〉の絵は、そうした実際の事件をヒントに描かれたのかもしれない。

〈複合災害〉のカードはどうだろう。陰謀論者たちは時計の針が「３」と「11」を指していると主張するが、よく見れば長針はむしろ「２」に近いところを指している。これは「11時12分」ではないだろうか？【図９】

●ビル・ゲイツを中傷

陰謀論者たちがＩＮＷＯに夢中になるのは当然だ。

そこには彼らが妄想するあらゆる要素が揃っている。ＩＮＷＯはそもそも陰謀論をパロディにしたゲームなのだから、陰謀論者が考えること、興味を持ちそうなことが、すべて盛りこまれているのだ。

言ってみれば、**彼らは鏡に映った自分の頭の中を覗いているのだ。**

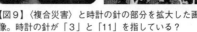

余談だが、『やりすぎ都市伝説スペシャル2012秋』は、日本マイクロソフト社から抗議を受けている。番組内で関暁夫氏やナレーターが、ビル・ゲイツが人間を不妊化するワクチンを使って世界人口を削減しようと計画している、などとデマを流したからだ。

実際にはビル＆メリンダ・ゲイツ財団は、2000年から世界の子供たちにポリオや肺炎などのワクチンを接種する事業に協力し、2012年までに550万人の命を救ってきたという。

世の中には「バラエティ番組にいちいち目くじらを立てなくても」などと、関氏やテレビ東京を擁護する人たちもいる。だが、バラエティなら何を言ってもいいわけではない。視聴率稼ぎのために、立派な活動をしている人を中傷するような悪質なデマをテレビで流す行為は、許されるべきではない。

（山本弘）

■注釈：

※①**関暁夫**（1975〜）……元お笑いコンビ「ハローバイバイ」の片割れ。『やりすぎコージー』の「芸人都市伝説」を本にした『関暁夫の都市伝説』シリーズ（竹書房）は累計250万部以上のベストセラー。

※②**イルミナティ**……1776年、バヴァリア（バイエルン）のアダム・ヴァイスハウプトが創設した秘密結社。教会からの弾圧や組織内のスキャンダルのせいで、たった10年で活動を停止している。

だが陰謀論者の間では、この組織が今でも存続し、世界を操っていると信じられている。

※③**ピラミッドからのぞく目**……神を象徴する「プロビデンスの目」とピラミッドを組み合わせた意匠。アメリカ合衆国国璽（1782年）や1ドル札の図案（1935年）にも用いられている。「これはフリーメーソンのシンボルであり、アメリカがフリーメーソンの国だという証拠」という説もあるが、実際には1782年以前にフリーメーソンがこの意匠を用いていた証拠はない。

※④**ベンジャミン・フルフォード**（1961〜）……カナダ出身のジャーナリスト。911陰謀説を支持し、新潟県中越沖地震や東日本大震災を地震兵器による攻撃だと主張している。

■参考資料：
ロバート・シェイ&ロバート・アントン・ウィルソン『イルミナティ』（集英社文庫、2007年）
関暁夫『Mr.都市伝説　関暁夫の都市伝説5』（竹書房、2014年）
安田均『SFファンタジィゲームの世界』（青心社、1986年）
「Steve Jackson Games」（WEB）
「マジック・ザ・ギャザリング公式サイト」（WEB）
「ベンジャミン・フルフォード氏のブログ（2008年11月8日）」（WEB）
「ウソかホントかわからない　やりすぎ都市伝説スペシャル2012秋」（テレビ東京、2012年11月2日放映）
「テレ東番組『ワクチン普及は陰謀』　ゲイツ氏『全く逆』」（朝日新聞デジタル2012年12月15日）

怪奇現象FILE 22

【動物の異常行動に秘められた謎】

イルカの大量座礁死は大地震の前兆か？

伝説

２０１１年３月11日、宮城県沖を震源とするマグニチュード９の大地震が発生し、１万８０００人以上の死者・行方不明者を出す惨事になった。

震災の直前の３月４日、茨城県鹿嶋市の下津海岸に、イルカ（カズハゴンドウ）※①が52頭も打ち上げられるという事件が起きている。

２０１５年４月10日の早朝には、同じ茨城県の鉾田市の海岸で、４キロにわたって約１５０頭のカズハゴンドウが打ち上げられているのが発見され、大地震の前兆ではないかと騒がれた。この事件について、あるサイエンスライターは『週刊実話』の記事で次のように述べている。

「95年の阪神淡路大震災の２日前には神戸に87頭が座礁している。２０１１年、東日本大震災の直前の2月11日に発生したニュージーランドのカンタベリー地震（M6・1）[※③]は日本人留学生を含む185人の犠牲者が出ていますが、この2日前にも現地で100頭を超えるイルカが打ち上げられている。他にも、イルカやクジラが巨大地震の前後に異常な行動を取る例があるため、専門家の間でも因果関係が注目されているのです」

イルカたちは人間には感じられない大地震の前兆を感じ取っているのだろうか？

2015年4月10日には茨城県鉾田市の海岸で座礁死した150頭ものイルカを発見。大地震の前兆ではないかと騒がれた（※②）

真相

●頻繁に起きている大量座礁[※④]

イルカやクジラが海岸に打ち上げられることは昔からよくあり、日本では「寄り鯨」「流れ鯨」と呼ばれていた。

一度に大量のイルカが打ち上げられる現象は、マスストランディング（大量座礁）と呼

【表1】2001年以降に茨城県で起きたマスストランディングの記録

日時	場所	種類	頭数
2001/2/11	鹿島郡波崎町	カズハゴンドウ	53頭
2002/1/22	ひたちなか市平磯町平磯海岸	カズハゴンドウ	2頭
2002/2/24	鹿島郡波崎町柳川海岸	カズハゴンドウ	24頭
2002/2/24	鹿島郡波崎町波崎海水浴場	カズハゴンドウ	85頭
2002/3/26	鹿嶋市平井海岸	オガワコマッコウ	2頭
2010/4/18	神栖市須田浜	カズハゴンドウ	4頭
2011/3/04	鹿嶋市下津海岸	カズハゴンドウ	54頭
2012/4/16	東茨城郡大洗町夏海海岸	スジイルカ	2頭

（ストランディングデータベースより）

ばれ、やはり日本では数年に一度は起きている。ほんの一例を挙げるなら、茨城県の波崎海岸では、1927年12月1日、113頭のカズハゴンドウが打ち上げられたという記録がある。

ストランディングの記録を収集している下関鯨類研究室の「ストランディングデータベース」から、2001年以降に茨城県で起きたマスストランディングのデータをすべて拾ってみた【表1】。

ご覧のように、数日以内に大きな地震が起きたのは2011年3月4日だけで、**ほとんどは地震と無関係である**。2015年4月10日のマスストランディングも、直後に大きな地震は起こらなかった。

カンタベリー地震の場合、2日前の2011年2月20日、確かに107頭のゴンドウクジラが座礁する事件があった。※⑤だが、その場所はニュージーランド南島の南西にあるスチュアート島である。カンタ

ベリー地震の震源であるクライストチャーチとは500キロ以上離れており、関係があるようには思えない。[※6]

他にもニュージーランドでは、2010年の1月24日にもクライストチャーチで50頭のクジラが座礁しているし、2015年の2月13日には200頭近くのクジラがニュージーランド南島のゴールド湾で座礁している。だが、どちらも大きな地震は起きなかった。すなわち、**たまたま大地震の前に起きたマスストランディングだけが注目され、「地震の前兆」と解釈されるのだ**。

なお、『週刊実話』の記事にある「阪神淡路大震災の2日前には神戸に87頭が座礁している」という話は、ネットでは多くの人が拡散しているものの、**ストランディングデータベースには該当する記録が見当たらない**。このデータベースによると、過去、兵庫県でマスストランディングの報告は一例もないし、1995年に日本国内でマスストランディングが起きた記録もないのだ。

●なぜ大量座礁が起きるのか？

ニュースを見た人は、イルカの群れがまっしぐらに海岸めがけて突進してくる光景を思い浮かべるかもしれない。しかし、マスストランディングが起きるのは**遠浅の海岸**である。イルカは**泳いでいるうちに誤って浅瀬に迷いこみ**、腹が水の底につっかえて身動きが取れなくなって、ついには波に押されたり潮が引いたりして、岸に打ち上げられてしまうらしい。

浅瀬に迷いこむ理由として、様々な仮説が唱えられている。たとえば人間のたてる音、特に潜水艦のソナー※⑦に追われて逃げたという説がある。無論、そうした可能性も十分考えられるが、マスストランディングが昔から起きている現象である以上、すべてをソナーのせいにするわけにはいかない。

財団法人日本鯨類研究所の石川創《はじめ》氏は、マスストランディングは「いろいろな原因がケース・バイ・ケースである」と述べている。

たとえば、ハクジラ類はエコロケーションという能力を持つ。頭部から超音波を出し、跳ね返ってくる音を聞いて、ものの形や場所を知るのだ。ところがマスストランディングした個体を調べてみると、鼻の穴の奥あたりにいる寄生虫が耳のほうまで潜り

アメリカのオハイオ級原子力潜水艦。こうした軍用潜水艦のソナーもマスストランディングの原因のひとつと考えられている。

こんで、耳の神経を傷めている例があった。そうなるとエコロケーションに頼っていたイルカは、自分の位置や方向が分からなくなり、座礁してしまうと考えられる。興味深いことに、**エコロケーションを持たないヒゲクジラ類はマスストランディングを起こさない**。

また、遠浅のなだらかな海岸の場合、エコロケーションの音波が海底の砂地で吸収されてしまい、イルカはまだ海が続いていると思いこみ、突き進んでいって座礁するという説もある。※⑧千葉県や茨城県での報告が多いのは、太平洋に面した長い遠浅の海岸に原因があると考えられる。また、**マスストランディングをよく起こすのはカズハゴンドウのように沿岸に近づかない種類**で、浅瀬に慣れていないために座礁してしまうのかもしれない。

また、単一のストランディングはどのクジラでも起こすが、マスストランディングをよく起こすのは、クジラの中でも社会性が高度に発達している種類である。群れがリーダーに従って行動しているため、リーダーが寄生虫のせいでエコロケーション能力を失ったり、遠浅の海岸線を検知できなかったら、他の者たちもリーダーに従い、群れ全体が座礁してしまうと考えられる。

無論、海中で起きていることなので、実のところはどうなのか、証明するのは難しい。しかし、ありきたりの理由で説明できるのなら、無理に神秘的な仮説を導入する必要はないのではないだろうか。とりあえず確実に言えるのは、イルカやクジラの大量座礁は、地震とは関係がないということである。

（山本弘）

■**注釈：**

※①**カズハゴンドウ**……クジラ目ハクジラ亜目マイルカ科。体長は約２・７メートル。おもに熱帯と亜熱帯の海に生息する。外洋を好むため、ストランディング以外では観察される機会が少ない。

※②**画像の出典**……テレビ朝日のニュース映像「イルカ１５０頭以上、海岸に打ち上げられる　茨城（２０１５年４月10日）」より。

※③**２月11日に発生した**……原文ママ。正しくは２０１１年２月22日である。

※④**イルカやクジラ**……クジラはヒゲクジラ類（鬚鯨亜目）とハクジラ類（歯鯨亜目）の２つのグループがあり、ハクジラ類の中で体が小さい種が「イルカ」と総称されている。すなわち、生物学的には、イルカはすべてクジラの仲間なのだ。

※⑤**ゴンドウクジラ**……クジラ類ハクジラ亜目マイルカ科のゴンドウクジラ亜科とシャチ亜科に含まれるクジラの総称。クジラとしては小型で、丸い頭部が特徴。名前はクジラだが、分類上はイルカである。

※⑥**５００キロ以上**……日本で言うなら東京都から岡山県ぐらいの距離である。

※⑦**ソナー**……「Sound navigation and ranging」の略。第一次世界大戦から使われるようになった。敵艦の音を探知するだけのパッシブ・ソナーと、水中に音波を発してその反射波をとらえるアクティブ・ソナーがある。軍用のアクティブ・ソナーは４８０キロ離れたところでも１４０デシベルの音量（ヘビー

メタルのコンサートなみの騒音）があるとされ、クジラ類に致命的な悪影響を与えているとして、環境保護論者から非難されている。

※⑧**千葉県や茨城県での報告が多い**……千葉県でも、２００６年１月、２００６年２月、２００８年６月などにマスストランディングの報告がある。

■参考資料：

「日本鯨類研究所」（ＷＥＢ）

「下関鯨類研究所」（ＷＥＢ　※２０２０年３月の閉鎖にともない、現在リンク切れ）

石川創「いま鯨の世界で起きていること」（ＷＥＢ）

「ニュージーランドでクジラの群れ座礁、１０７頭死亡（ＡＦＰＢＢ Ｎｅｗｓ）」（ＷＥＢ）

「【トホホ取材記】イルカ座礁は地震予兆ではない？（ＭＳＮ産経ニュース、２０１２年２月10日）」

「海岸にイルカ１５０頭超打ち上げられる　茨城・鉾田市（テレ朝ＮＥＷＳ、２０１５年４月10日）」

「専門家が警告！　巨大地震の前兆～茨城でイルカ１５０頭打ち上げ〈週刊実話〉２０１５年４月20日）」（ＷＥＢ）

「砂浜に打ち上げられたイルカ１５０頭のニュースに何故か地震を心配する人たち（Togetter）」（ＷＥＢ）

「地震の前触れか？　茨城・鉾田の海岸にイルカ１６０頭以上が打ち上げ！　ゲリー・ボーネルの予言4月12日…（Togetter）」（ＷＥＢ）

怪奇現象FILE 23

【あの独裁者は世界を見通していたのか?】ネットで広まる「ヒトラーの予言」

伝説

第一次世界大戦中の1914年10月末、フランス国境に近いイープル地方で、森蔭で休んでいたドイツ軍の小隊に、若い兵士がふらふらと近づいてきて、こう告げた。

「ここが安全だなんて笑わせる。ここはものすごく危険だ。全員、すぐここを立ち去れ。あそこの窪地まで全力で走って伏せろ。いますぐにだ」

そう言うと、彼は窪地に走りだした。その直後、小隊のいた場所にイギリス軍の200ミリ榴弾が落ちた。その若い兵士の他には、彼についていった3人の兵士だけが生き残った。助かった兵士の1人は、「おかげさまで命びろいしましたが、いったい、あんたは誰ですか?ただの兵長ですか?　それとも……」と訊ねた。

「ただの兵長だ、いまは……」若者はうつろな表情で答えた。「しかし、まもなく、ドイツ人ぜんぶが、いや、世界中がぼくを知るようになる。だからいまのうちに名前をおぼえておけ。ぼくはアドルフだ、アドルフ・ヒトラー……」

これが予言者ヒトラーのデビューだった。

政権を握った後のヒトラーは、オーバーザルツベルクの山荘で、側近たちに数々の予言を語って聞かせた。それらはひっくるめて「ヒトラーの山荘予言」と呼ばれる。たとえば、こういったものである。

「近い将来、男の性器そっくりの兵器ができるだろう。わたし（ヒトラー）の勃起した男根を、何百倍にも大型化して小さな翼をつけたようなものだ。

それが将来の戦争と世界を支配する。さしあたっては、それが飛んで行って英国を焼き尽くす。いずれはペルシャ湾にもインド洋でも飛ぶだろう。愉快なことだ。私の勃起した男根が地球を燃やすことになるのだからな」

これは明らかに、当時まだなかったロケットを予言したものである。ヒトラーはその兵器のことを口にしただけでなく、スケッチにも描いてみせた。そのスケッチに基づいてナチスの科学者たちが作り上げたのが、有名なV1号とV2号なのだ。

他にも「ヒトラーの山荘予言」には、ロボットやコンピュータ、フォルクスワーゲンとアウトバーン、真珠湾奇襲、原爆、ソ連のミハイル・ゴルバチョフ書記長を予言したくだりも

群衆に向かって演説をするアドルフ・ヒトラー

ある。また、1989年までに、東方に「永遠の未成年者の集団が現われる」とも予言している。これはまさに、当時の日本で活躍していた若い女性アイドル（**今井美樹、本田美奈子、後藤久美子、中山美穂、河合その子、菊池桃子など**）を予言したものである。

また、1939年1月25日には、120名の超能力を持つ若者たち「**ニーベルンゲン復讐騎士団**」のメンバーを山荘に招き、「二年半後、一九四五年の私の誕生日（四月二〇日）までに、大戦は表面だけは一応の終結を見るはずだ」と予言した。

この「山荘予言」の他に、ヒトラーはドイツの敗色濃い1945年3月20日（3月20日のほかに4月2日という説もある）にラジオで放送された最後の演説の中で、このように予言していた。

「米ソは……おそらく一九九〇年代ごろまで、対立と妥協を繰り返しつつ、世界を運営しようとする。しかししょせん……ヨーロッパと日本、東アジア、イスラム諸国、インド……いずれ世界は米ソの手に負えなくなる。

そのときユダヤはみずから……に乗り出す。あわれなアラブ四ヶ国……最終戦争。東西が激突するだろう。ユダヤはそれに勝って全世界……なぜならそれが彼らの旧約聖書の約束だからだ。

黙っておけば必ずそうなる。しかし、わたしがそうはさせない。そのための手を、私は死ぬ前に打っておく。それが最後の秘儀である。それによって人類はわれわれを受け継ぐことになる。しかも見よ、そのあと、わがナチスの栄光、※②レットバタリヨン……」

真相

●ナチスとオカルトの深い関係

ナチス（国家社会主義ドイツ労働者党）の母体となった組織のひとつは※③トゥーレ協会である。反ユダヤ秘密結社ゲルマン騎士団のバイエルン支部として、1916年に誕生した団体だ。ヒトラー自身は団員ではなかったものの、ナチス幹部や当時の右翼思想家の中には、トゥーレ協会の会員が多い。

トゥーレ協会の思想のルーツは、1907年にアドルフ・ヨーゼフ・ランツが作った新聖堂騎士団というオカルト結社だ。ランツは、※④アーリア人の祖先が北方の理想郷トゥーレで生まれたのに対し、ユダヤ人や黒人は南方で生まれた存在で、人間とは別種の亜人間だと主張していた。ランツが発行していた雑誌『オースタラ、金髪と男性権利至上主義者のための広報』は、ヒトラーも購読していたと言われている。そうしたオカルト的な人種差別論が、やがてホロコーストにつながってゆく。

また、新聖堂騎士団はナチスよりも前に、鉤十字《ハーケンクロイツ》をシンボルに使っていた。それをナチスの旗として採用するよう勧めたのは、トゥーレ協会のメンバーのディートリヒ・クローンだ。そう、ナチスはもともとオカルトと深い関係があるのだ。

そうした観点から、ヒトラーやナチスを論じる研究者は何人もいる。オカルト・ライターたちも、しばしばヒトラーを題材にする。もしヒトラーが予言者だったという事実があるなら、欧米の研究者たちがとっくに気がついていて、何冊も本を書いているはずである。

しかし、欧米のサイトで「Hitler's Prophecy（ヒトラーの予言）」で検索しても、ヒットするのはたいてい、１９３９年1月30日、彼がドイツ国会で行った有名な演説――「ヨーロッパにおけるユダヤ人種の絶滅」を予告する演説である。欧米ではこれが「ヒトラーの予言」と呼ばれているのだ。

●日本でしか知られていない「ヒトラーの予言」

ヒトラーが神秘的な力でたくさんの予言をしたという話は、ほとんど日本のインターネット上でしか見られない。そして「ヒトラーの予言」をネットにアップしている人々の情報源は、たった1冊の本である。

それは1988年に出版された※⑤**五島勉『1999年以後』**だ。この本には「ヒトラーの予言」と称するものが数多く収録されている。先の「伝説」で紹介した「ヒトラーの予言」の数々も、すべて『1999年以後』から引用したものである。

この本で紹介されるエピソードには、確かに※⑥ジョン・トーランドや※⑦ヘルマン・ラウシュニングなど、著者の実名を挙げて出典を示しているものもいくつかある。だが、原典と読み比べてみると、しばしば食い違っている。

たとえば冒頭で紹介した第一次世界大戦のエピソードは、似た話がジョン・トーランドの『アドルフ・ヒトラー』にも出てきて、五島氏もそれに言及している。ただし、五島氏は「一九一四年の一〇月の末」と書いているが、トーランドによれば1915年の9月頃のことである。ヒトラー自身が特派員に語ったところによると、塹壕の中で夕食をとっているときに、「立って向こうへ行け」という声が聞こえた気がしたという。しかし走り出したりはせず、「塹壕の中を二十ヤード移動した」だけだった。そこに流れ弾が炸裂して、**ヒトラー**

以外の全員が死んだ。当然、彼に名前を聞いた兵士などおらず、ヒトラーが「だからいまのうちに名前をおぼえておけ」などと言ったはずがない。『1999年以後』の記述は、トーランドの本の内容を五島氏が**大幅に脚色**したものだ。

これなどはまだ出典がある話だが、ほとんどの話は出典が不明で、他のヒトラー関連の書籍には見当たらないものばかりだ。「ニーベルンゲン復讐騎士団」とか1945年3月の「ヒトラー最後のラジオ演説」といったものも、※⑧やはりこの本にしか出てこない。一般にヒトラーがラジオで行った最後の演説は、1945年1月30日のものとされており、そこには遠い未来を予言するような内容はない。

海外の研究者たちがみんな見落としている情報を、日本人である五島氏だけが知っているというのは、きわめて不自然ではないか。

●ロケット予言の大ウソ

『1999年以後』の中の「ヒトラーの山荘予言」には、重大な歴史考証ミスがある。ヒトラーがロケットを「男の性器そっくりの兵器」「わたしの勃起した男根」と形容したくだりだ。『1999年以後』の中では、オーバーザルツベルクの山荘が建設開始されたのは「三二年春」ということになっており、当然、「ヒトラーの山荘予言」なるものが本当に発せられたのなら、この後のはずである。**五島氏はこの時代のドイツ人がロケットというものを知らないと思いこんでいたらしい。**

1923年、ロケット研究者のヘルマン・オーベルトは「惑星間宇宙へのロケット」と題する論文を発表。これがドイツ国内で話題を呼び、1927年、ロケット愛好家たちが集まって、ドイツ宇宙旅行協会（VfR）という団体を発足する。

1929年、SF映画『月世界の女』※⑨が公開される。ロケットに乗って月に行く話で、当時、ドイツ国内だけでなく世界的にヒットし、日本でも公開されている。

VfRは1930年から資金提供を求めてドイツ軍と接触し、ベルリンの弾薬集積場の跡地を借りて、本格的にロケットの実験を開始した。VfRのメンバーの1人だった※⑩ヴェルナー・フォン・ブラウンは、1932年からドイツ陸軍兵器局に入り、1934年に液体燃料ロケットA2の発射実験に成功。これがV2ロケットの原型である。

つまり、**1930年代初頭の時点でドイツ人はロケットというものをよく知っていたのだ。**ヒトラーがそれをわざわざ「わたしの勃起した男根」などという下品な比喩で形容する理由がない。

ヒトラーの描いたスケッチからV1やV2が生まれた（『1999年以後』93ページ）とか、「巨大なロケットで別の天体へ行こうなどという発想」を「ナチスの※⑪ペーネミュンデ研究所員たちが考えついた」（同152ページ）などという記述も、ロケットの歴史を少しでも知っている人間なら失笑するだろう。ドイツのロケットの生みの親はオーベルトやフォン・ブラウンだし、ロケットによる宇宙飛行というアイデアを最初に考案したのは、ロシアのコンスタンチン・ツィオルコフスキーだ。

●五島氏のお得意のテクニック

五島氏のベストセラー『ノストラダムスの大予言』では、ノストラダムスの生涯に関して、たくさんのエピソードが紹介されていた。だが、そのほとんどが海外の研究者の本には出てこない話で、しかも歴史的にひどい間違いも多かった。

※⑫『H・G・ウェルズの予言された未来の記録』では、SF作家ウェルズを予言者に仕立て上げていたが、そこで語られるウェルズの生涯は、やはり厚い伝記にも載っていないような話ばかりだった。五島氏は『1999年以後』でも、ヒトラーについて同じテクニックを用いたのだ。

なお『1999年以後』は、2015年に『ヒトラーの終末予言』という題で復刊されたが、※⑬**第1章がまるごとカットされている**。ソウルオリンピックの話や、当時まだ崩壊していなかったソ連の話題が頻繁に出てくるので、さすがに時代に合わなくなったのだろう

ので、さすがに時代に合わなくなったのだろうか。

（山本弘）

■**注釈：**

※①**イープル**……ベルギー西部のフランドル地域の都市。第一次世界大戦では西部戦線の前線となり、ドイツ軍と連合軍の間で街が焦土と化すような激しい戦いが繰り広げられた。

※②**レットバタリヨン**……「Letzt Batallion（最後の大隊）」。一般に「ラスト・バタリオン」として知られる。ヒトラーの演説に出てくる言葉だが、詳細は不明。ナチスがひそかに世界のどこかに軍隊を隠していて、それが今も世界征服を狙っているという説が信じられている。

※③**トゥーレ**……極北にあるとされる伝説の島。当時のドイツの神秘主義者は、トゥーレをアーリア人の故郷と考えていた。アトランティスと同一視されることもある。

※④**アーリア人**……サンスクリット語で「高貴」という意味。19世紀ドイツの言語学者マックス・ミュラーが唱えた概念で、かつてインド・ヨーロッパ語族（アーリア語族）の源流の「原アーリア語」を話していた民族がおり、それがヨーロッパ人の祖先だとする説。ミュラーはのちに自説を撤回するが、自分たちが「高貴」な民族の末裔だというアイデアは、ヨーロッパの多くの白人に信じられた。

※⑤**五島勉［ごとう・べん］**……１９２９年生まれ。当初は雑誌ライター兼小説家だったが、１９７３年、『ノストラダムスの大予言』（祥伝社）が大ベストセラーになり、以後、オカルトや予言に関する本を多数執筆している。

※⑥**ジョン・トーランド**（1912～2004）……アメリカのノンフィクション作家。『大日本帝国の興亡』でピュリッツァー賞を受賞。日本に滞在した経験もあり、妻は日本人。

※⑦**ヘルマン・ラウシュニング**（1887～1982）……1936年にドイツを脱出してアメリカに移住。大戦中、自分とヒトラーの対話を集めたと称する『永遠なるヒトラー』を出版する。実際には彼はヒトラーとの接触は少なく、本の内容は歴史家から信用されていない。

※⑧**やはりこの本にしか出てこない**……日本のインターネット上には、1945年の3月の「ヒトラー最後のラジオ演説」と称するものがいくつもアップされているが、文章を見れば、どれも『1999年以後』のコピーであることが分かる。

※⑨『**月世界の女**』……監督は『メトロポリス』のフリッツ・ラング。ロケット打ち上げのシーンでは、緊迫感を盛り上げるためにカウントダウン（秒読み）が考案され、それがのちに本物のロケット打ち上げでも用いられるようになる。この映画にはオーベルトも技術協力しており、本物の液体燃料ロケットを打ち上げようとした。しかし、実験中に爆発事故が起き、オーベルトは耳の鼓膜が破れ、右目を失明した。

※⑩**ヴェルナー・フォン・ブラウン**（1912～1977）……高校時代にVfRに入会。のちにV2ロケット開発の中心人物となる。大戦末期、500人の技術者とともにアメリカ軍に投降。以後はアメリカのロケット開発に協力し、ついには大型のサターンVロケットを完成させ、人類を月に送った。

※⑪**ペーネミュンデ**……ドイツ北部のウーゼドム島の村。1936年からドイツ軍の長距離兵器実験場が作られた。V1とV2もここで開発された。

※⑫『H・G・ウェルズの予言された未来の記録』……詳しくは『謎解き超常現象４』（小社刊）を参照。

※⑬第１章がまるごとカットされている……しかし『ヒトラーの終末予言』のあとがきでは、「プロローグとエピローグを書きおろしたが、本文はほとんどといって変わっていない」と、またも嘘をついている。

■参考資料：

落合信彦『20世紀最後の真実』（集英社、１９８０年）
五島勉『１９９９年以後』（祥伝社、１９８８年）
五島勉『ヒトラーの終末予言　側近に語った２０３９年』（祥伝社、２０１５年）
高田博行『ヒトラー演説　熱狂の真実』（中公新書、２０１４年）
的川泰宣『月をめざした二人の科学者　アポロとスプートニクの軌跡』（中公新書、２０００年）
横山茂雄『聖別された肉体　オカルト人種論とナチズム』（書肆風の薔薇、１９９０年）
ジェームズ・テーラー、ウォーレン・ショー『ナチス第三帝国事典』（三交社、１９９３年）
ジョン・トーランド『アドルフ・ヒトラー』（集英社文庫、１９９０年）
ルイ・ポーウェル、ジャック・ベルジェ『神秘学大全』（サイマル出版会、１９７５年）
ヘルマン・ラウシュニング『永遠なるヒトラー』（八幡書店、１９８６年）
『歴史読本臨時増刊／特集　超人ヒトラーとナチスの謎』（新人物往来社、１９８９年）
神代康隆「狂気の予言者ヒトラーの遺言」（『ムー』１９９３年７月号）

怪奇現象 FILE 24

【911同時多発テロ、東日本大震災を的中させた?】

ゲリー・ボーネルの予言

伝説

アメリカの神秘家で企業コンサルタントのゲリー・ボーネル※①は、10歳の頃からアカシックレコードにアクセスできるようになった。

ボーネルによれば、アカシックレコード※②とは地球を取り巻く巨大な球体のエネルギーで、すべての過去とすべての未来の情報が記録されているという。それを読み取る方法を学んだ人間は、未来を知ることができるのだ。ボーネルはこれまで何度も天変地異や大事件を予言し、的中させてきた。

1994年のノースリッジ地震※③では、その3ヵ月前、ボーネルはクライアントの事務所が入っている建物が破壊される光景を予知した。彼は会社をノースカロライナに移すようアドバイスし、クライアントは難を逃れた。

1995年の阪神淡路大震災では、ボーネルはその半年前の1994年6月に日本で行われたワークショップで、「地震が1995年1月の中頃に起こるでしょう。場所は日本のまん中あたりです」と予言していた。

2011年の東日本大震災でも、ボーネルは直前に来日しており、ワークショップで「大きな地震が近々起きる」と話していた。

彼は2001年のアメリカ同時多発テロも、1986年から予言していた。実際にテロが起きた後、ボーネルの元には、「起こることがわかっていながら、なぜ止めなかったのか」と非難するメールがたくさん届いたという。

真相

●「光の12日間」とは何か

本当にボーネルは阪神淡路大震災や東日本大震災を予言したのだろうか。

阪神淡路大震災の予言の場合、どこのワークショップでの発言なのか、具体的にどんなニュアンスで発せられたのか分からない。ノースリッジ地震の場合、大勢の人の前ではなく個人に対して言ったというのだから、なおさら事実かどうかの検証が難しい。

東日本大震災の場合も、「大きな地震が近々起きる」というのはあいまいすぎる。日本では数年に一度、大きな被害の出る地震が必ず起きる。**具体的な日時や場所を言わずに「大きな地震が近々起きる」と予言したら絶対に当たるのだ。**

9・11同時多発テロはどうか。2001年に大きな事件が起きることを予知していたのなら、当然、直前の著書の中に警告が書かれているはずである。そこで1998年発行のボーネルの著書**『光の十二日間』**[※⑤]（VOICE）を読んでみよう。

結論から言うと、この本には2001年にニューヨークとワシントンでテロが起きるなどという話は、まったく出てこない。アメリカ国内で人種問題から革命やテロが起きると予言しているが、その主役はアフリカ系アメリカ人のイスラム教徒で、アラブ人ではない。旅客機の衝突や世界貿易センタービルの崩壊も予言されていない。

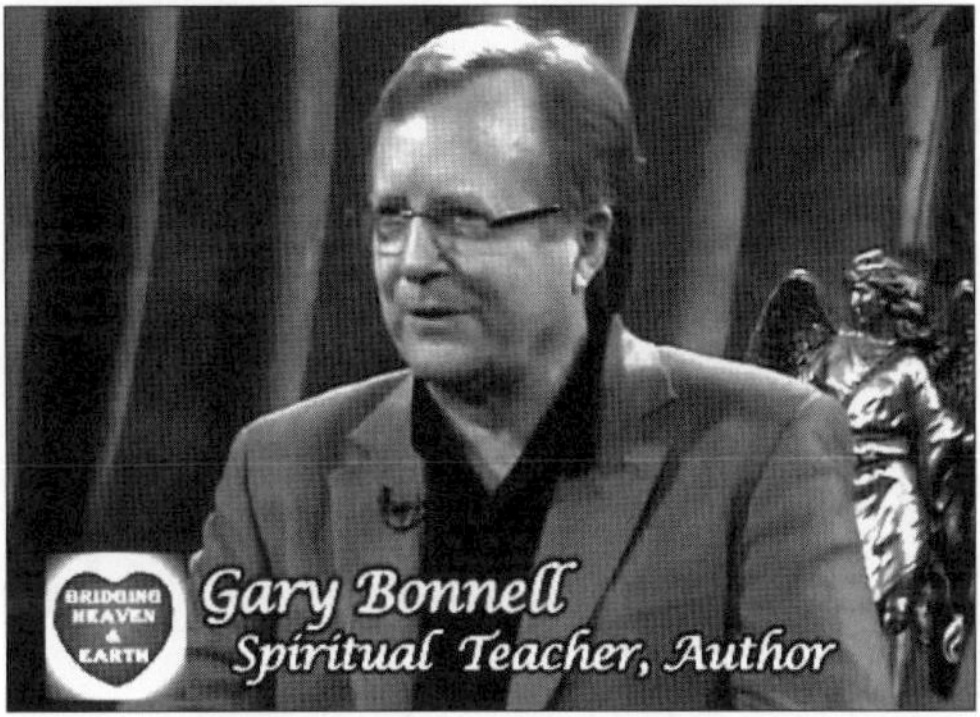

海外のスピリチュアル番組に出演するゲリー・ボーネル（※④）

この本の中で、ボーネルが2001年7月に起きると予言していたのは、**「光の12日間」**という現象である。

ある朝、世界中で、トースターやコンセントが輝きはじめる。植物や動物、無生物、人間の体も光を発するようになる。物質から発するエネルギーが目に見えるようになるのだ。パニックに陥る人がいる反面、素晴らしい歓喜に満たされる人もいる。死者がよみがえってくる。キリストが降臨する。人間のDNAがすべて変化し、食事も睡眠も必要がなくなる。多くの人がアセンション※⑥を体験し、2007年までには世界人口のほとんどが地球上から去ってゆく……。

もちろん、こんなことはまったく起こらなかった。

●はずれまくった「第三次世界大戦」の予言

同時多発テロの直後、2001年11月には、古川益蔵※⑦氏との対談を収めた『第三次世界大戦、始まる！』（VOICE）という本が出版される。内容はタイトル通りで、**ボーネルは同時多発テロがきっかけで第三次世界大戦が勃発すると予言していた。**

この本の中での彼の予言を要約すると次のようになる。

・イラクのサダム・フセインはイスラエルを攻撃する。リビアのカダフィはエジプトを攻撃する。この戦争は3年半続く。自衛隊員が中東に派遣されるが、何機かの飛行機が失われ、死亡者が出る。

・2002年の新年にイギリスの街で自爆テロがあり、多くの人命が失われる。フランスでは北方の工業都市で化学プラントが爆破され、アメリカ大使館も襲われる。ドイツでは暴動が起き、大勢の中東出身者が殺される。イタリアではバチカンのローマ法王とその側近たちがテロの標的になり、何人かが死に、たくさんの負傷者が出る。

・エジプトは戦場となり、ギザの大ピラミッドのてっぺんが破壊される。このとき、ピラミッドを建設したアトランティス人の残したDVDのようなディスクが発見される。

・2002年の春ごろ、アメリカの西海岸で化学兵器か生物兵器が使用される。2001年か2002年の10月か11月には、シアトルで[※⑧]スペースニードルが爆破される。ヒューストンの石油精製所やアラスカのパイプラインも襲われる。

・2002年ごろには、日本でも羽田発の旅客機がハイジャックされ、皇居が攻撃される。天皇は無事だが、旅客機に乗っていた人は全員死亡する。東京タワーも攻撃を受ける。地下鉄を狙ったテロも起きる。

・ジョージ・W・ブッシュはまもなく暗殺される。小泉首相も暗殺のターゲットになるが、負傷はしない。イラクのフセイン大統領、PLOのアラファト議長、イスラエルのシャロン首相、リビアのカダフィも戦争で死ぬ。

・戦争が終わって3年後には、ロシアは国境を閉鎖し、西欧諸国と敵対関係になる。中国は台湾を併合し、10年以内（つまり2011年まで）に地球の3分の1を支配する。日本も中国の支配下に入る。

この本の対談が行われたのは2001年10月。この後、アフガニスタン紛争とイラク戦争が起きたが、**どう見てもボーネルの予言は完璧にはずれている**。またボーネルは、3ヵ月前に起こるはずだった「光の12日間」について、まったく触れていない。

いちおうフェアに書いておくと、ボーネルはこれらが必ず当たるとは断言していない。「以下の預言は決して変えられないものではありません。多くの人が『変えよう』という意図をもって、自分の思いを人類の集合無意識に向かって投影すればよいのです」と予防線を張っている。つまり、多くの人が「変えよう」と思ったので未来が変わったのだと解釈できないでもない。

しかし、歴史上の事件というのは、互いに密接に結びついているものだ。戦争や大規模テロや国家元首の死のような重大事件が起こらなければ、その後の歴史はまったく違ったコースをたどるはずである。すなわち、**人間の意識によって歴史が変えられると信じることは、アカシックレコードから未来が読み取れるという発想そのものを否定することになる**のだが、ボーネルもその信奉者たちも、それに気づいている様子がない。

●先送りされた「光の12日間」

ボーネルは「光の12日間」のことを忘れたわけではなかった。2008年には新たに『**新・光の12日間**』（徳間書店）という本を出した。その中ではやはり「光の12日間」が起きると予言されているが、その時期は「**2011年12月21日をはさむ、12月15日から25日までに起きるとアカシックレコードには記されています**」[※⑨]（45ページ）と断言されていた。

無論、2011年12月に、そんなことはまったく起きなかった。この本の中で、近い将来に日本で起きる地震について触れられているのは、199ページだけである。

[※⑩]エドガー・ケイシーによれば、日本も沈むと言われています。また、日本では、よくない出来事があります。それは北海道で起きる地震で、一部が沈んでしまうことです。近々起きるかどうかわかりませんが、その地震で多くの人が被害を受けます。（後略）

これはどう見ても、三陸沖を震源とする東日本大震災の予言ではない。場所も違うし、起きる年も明言されていない。

あきれたことにボーネルは、この『新・光の12日間』の予言がはずれた後、2012年にも『**光の「超」12日間**』という本を出し、「光の12日間」をまたも先送りしている。いったい何回同じことを繰り返したら気が済むのだろうか。

●東海大地震の予言もはずれ

ボーネルは2014年、また新たな本を出した。タイトルは『［2014〜2018］※⑪ アカシックリーディング　日本人が知って変えていくべき重大な未来』。この本の中では、2014年から日本で起きるはずの出来事がいろいろ予言されている。

たとえば**「東海大地震は2015年4月12日に起きる」**と断言されている。

地震がもっとも活発なエリアは東海地方で、マグニチュード9の地震が2015年の初期に起きるでしょう。

震源地は、本州沖、伊豆半島の南方のトラフ付近です。最も激しい揺れは、静岡県伊東市の海岸線あたりで感じられます。
（中略）
伊東市の地震の1週間後、東京に直下型のマグニチュード8の余震が起きるでしょう。古いビルや老朽化したインフラは崩壊します。（20～21ページ）

そういうお話をした上で、今思っているところを言えば、2015年4月12日に東海大地震が起きます。そこより早まる可能性もあります。あるいは前震があるかもしれません。（48ページ）

ボーネルは4月10日の自身のフェイスブックでも、「次の地震は4月12日～20日に起きる」と予言していた。だが、※⑫これらの予言はまたもはずれた。

ゲリー・ボーネルにまつわる最大の謎は、**なぜこんなにも予言をはずしまくっている人物がいまだに人気を保っているのか**ということだ。今でも日本では頻繁にボーネルを招き、ワークショップやセッションが開かれているのだ。

最近になってボーネルのことを知った人が、「9・11同時多発テロを予言した」「東日本大震災を予言した」といった嘘に騙されるのは、まだ理解できる。しかし、20年以上前からボーネルの愛読者で、彼の予言がすべてはずれたのを目にしてきたはずの人たちまで、なぜ今なお彼を信じ続けていられるのだろうか。不可解としか言いようがない。

（山本弘）

■注釈：

※①**ゲリー・ボーネル**（１９４８〜）……心理学者、哲学博士、催眠療法家。企業コンサルタントの傍ら、欧米を中心にスピリチュアルなセミナーや講演を行っている。日本でも株式会社ゲリーボーネル・ジャパンが主催するノウイングスクールで講師を務める。

※②**アカシックレコード**……神秘思想家ルドルフ・シュタイナーが提唱したとされる概念。その名はサンスクリット語のアーカーシャ（空）に由来する。この宇宙を超えたどこかに、全宇宙の過去・現在・未来の出来事がすべて記録されている図書館のようなものがあるという発想。予言や予知能力を説明するのに使われるが、無論、科学的根拠は何もない。

※③**ノースリッジ地震**……１９９４年1月17日早朝に発生した、ロサンゼルスの北東を震源とする地震。マグニチュード６・７。高速道路や多くの建物が倒壊し、57人が死亡、５０００人以上の負傷者を出した。

※④**画像の出典**……「Bridging Heaven & Earth Show # 262 with Gary Bonnell」より。

※⑤『**光の十二日間**』……原著の出版は１９９８年だが、２０００年に日本で出版されたバージョンで

は、ボーネルが1999年から2000年にかけて行った予言が追加されている。なお、作家の高橋克彦氏もボーネルのファンで、本書の巻末に内容を絶賛する文章を寄稿している。
※⑥**アセンション**……本来はキリストの昇天を意味する言葉。現在のニューエイジ思想では、この世の終わりに人間の肉体が光となって、高次元に旅立つと考えられている。
※⑦**古川益蔵**（1950〜）……元漫画家。1980年、漫画専門の古書店「まんだらけ」を開店。現在は株式会社「まんだらけ」代表取締役社長。オカルトや精神世界にも深い関心を持ち、ゲリー・ボーネルに心酔している。
※⑧**スペースニードル**……シアトルの中心地に建つタワー。1962年の世界博覧会のシンボルとして建設された。高さ184メートル。
※⑨**2011年12月21日**……この日付はいわゆる「マヤの予言」で言われていた世界の終わりの日付の1年前。ボーネルは予言の成就の1年前から「光の12日間」がはじまると考えていた。「マヤの予言」についてはASIOS編『謎解き超常現象』（小社刊）を参照。
※⑩**エドガー・ケイシー**（1877〜1945）……予言者、心霊診断家。催眠状態で人々の質問に答え、病気の診断を行った。予言も多く行っているが、「アトランティスが浮上する」「1998年までに日本が沈没する」など、はずれたものが多い。
※⑪**『［2014〜2018］アカシックリーディング　日本人が知って変えていくべき重大な未来』**……初刷の発行日は2014年4月30日。もっとも筆者（山本）が入手したのは2015年4月30日発行の第八刷である。予言がはずれた後にもまだ増刷していたのか？

※⑫**これらの予言はまたもはずれた**……他にもボーネルは、２０１６年なかばに本州北部沖から北海道にかけて地震が起き、北海道が独立した島のようになるとか、２０１７年に大きな地震が朝鮮半島を襲うとか、２０１８年に富士山の形が変わってしまうなどと予言している。だが、結局これらも全部はずれた。

■参考資料：

ゲリー・ボーネル『光の十二日間』（ＶＯＩＣＥ、１９９４年）

ゲリー・ボーネル＋古川益蔵『第三次世界大戦、始まる！』（ＶＯＩＣＥ、２００１年）

ゲリー・ボーネル『5次元へのシフト　新・光の12日間』（徳間書店、２００８年）

ゲリー・ボーネル『アカシックから届いたファイナルアンサー　光の「超」12日間　こうしてあなたは次元を超える』（ヒカルランド、２０１２年）

ゲリー・ボーネル『［２０１４〜２０１８］アカシックリーディング　日本人が知って変えていくべき重大な未来』（ヒカルランド、２０１４年）

「株式会社ゲリーボーネル・ジャパン」（ＷＥＢ）

「この「予言」信じる？ 信じない？ 大地震が日本列島を襲う日が近いかも‼」（ＷＥＢ ※現在リンク切れ）

「Amuzow ／ゲリー・ボーネルの地震予言が嘘で外れるという根拠」（ＷＥＢ　※現在リンク切れ）

「ＮＥＶＥＲまとめ／南海トラフ地震は２０１５年⁉　的中率がハンパないゲリー・ボーネルの予言」（ＷＥＢ）

怪奇現象 FILE 25

【驚異の的中率を誇ったブルガリア政府公認の大予言者】

ブルガリアの予言者「ババ・ヴァンガ」

伝説

ブルガリアに、「ババ・ヴァンガ」という予言者がいた。彼女は第二次世界大戦の勃発と終結、ロシアの原子力潜水艦クルスクの沈没事故、911事件、オバマ大統領の当選などを正確に予言してきた。

ヴァンガの予言については、ブルガリアの超心理学者※①ゲオルギー・ロザノフらが調査を行い、その的中率を80%と算定。ヴァンガはブルガリア政府に国家公務員として雇われた。つまり彼女は政府公認の予言者なのだ。

彼女は人類の未来についても多くの予言を残しているが、それらはブルガリア政府に管理され、極秘情報として秘匿されてきた。しかし2014年末になって、ブルガリア政府は予言の公開を決定、2015年に関するヴァンガの予言が公開された。

真相

●ブルガリア政府公認の予言者？

ブルガリアの予言者「ババ・ヴァンガ」[※②]、本名ヴァンゲリア・パンディヴァ・ディミトローヴァ（1911〜1996）は、ブルガリアやロシアでは以前から知られており、ブルガリアでは今でも彼女に関する書籍が書店に数多く並んでいるという。

ヴァンガは1911年1月31日、当時オスマン帝国領だったストルミツァ（現・北マケドニア）に、ブルガリア人農民の子として生まれた。実の母親は幼い頃死亡し、ヴァンガ本人は12歳のとき竜巻に巻き込まれ、その際、砂や埃が目に入ったことで視力を失った。

ヴァンガは1926年から盲学校に入り、点字やピアノの演奏などを学んだが、継母が死亡したため1928年にストルミツァに戻り、幼い弟や妹の面倒を見て過ごした。

彼女が予知能力[※③]や透視能力を発揮し始めたのはこの頃からと言われる。

その能力はたちまち評判となり、第二次世界大戦が始まると、戦争に参加した家族や友人の消息を知るため、大勢の人がヴァンガのもとを訪れるようになる。

1960年代末にはブルガリアの共産主義政権がヴァンガに接近、この頃から彼女に面会を求める際は※④政府機関を通して申し込むことになり、政府がヴァンガに対して給料を支払うようになった。

ブルガリア政府公認の予言者「ババ・ヴァンガ」(※⑤)

【伝説】で言われるように、ヴァンガが**ブルガリア政府に雇われた予言者だったのは事実**である。だが、その予言が本当に正確かどうかは判断が分かれる。

数あるヴァンガの予言のなかでもっとも有名なものが、2000年8月に起きたロシアの原子力潜水艦※⑥クルスクの沈没を予言したというものだ。

この予言は1980年になされたもので、「1999年か2000年8月、**クルスクが水に覆われ、世界がクルスクのことを悲しむ**」という内容だった。

クルスクは第二次世界大戦中に大規模な戦車戦が行われた**ロシア南西部の地名**である。予言を素直に読めば、**クルスク地方を大洪水のような天変地異が襲うと解釈するのが普通**だが、予言は的中したことになった。911事件を予知したという1989年の予言も、**「アメリカが鉄の鳥に襲われる」**といった抽象的な文言である。

他方、大きく外れた予言もある。たとえば、ヴァンガは2010年に第三次世界大戦が発生し2014年まで続くと予言したとされるが、**これは完全に外れている。**

他にもヴァンガの予言と呼ばれるものはネット上に多数出回っているが、ヴァンガの予言については、注意すべきことがある。

略歴で述べたとおり、ヴァンガは盲学校で点字を学んだものの、生涯ほとんど読み書きができなかった。**本人が書き残した予言はひとつもなく、**その予言が本当にヴァンガの口から出たものなのか、検証することは難しい。

また、ヴァンガの予言はブルガリア政府がほぼ独占的に管理している。なんらかの予言が流布した場合は、**政府による情報操作の可能性も否定できない。**

2014年11月になって、※⑦ブルガリア政府がヴァンガの予言を公開するというニュースが流れ、2015年の事件に関する予言なるものも公表された。

しかし、奇妙なことに、**日本語とロシア語以外の言語でこのニュースを検索してもほとんど見つからない。**ブルガリア国営通信のサイトでもこのニュースは確認できないため、出処をたどってみたが、どうやらロシア語ニュース・サイトの「zagopod」に掲載された、

2014年11月22日付のブログ記事らしく、この予言の信憑性には疑問が残る。

2015年に起きると予言された事件も、米大統領の退任、ロシア大統領の解任、ロシア通貨ルーブルがドルより高い信頼を得る、シベリアと豪州以外は疫病に冒される、といった内容で、**結果はすべて外れている**。

●予言は本当に的中しているのか？

ヴァンガの予言の的中率が80％という数字についてはどうなのだろう。

この点についてロザノフは、ヴァンガに相談した3000人にアンケート調査票を送って追跡調査を行った結果だと述べている[※⑧]。しかし、相談者はそもそもヴァンガの能力を信じていたはずだから、アンケートの回答に**バイアス（先入観）がかかっている可能性がある**。

もっとも、ヴァンガの予言について我々が検証する方法がないわけではない。

じつは、かつて日本で刊行されていた『UFOと宇宙』（1979年2月号）に[※⑨]中岡俊哉氏の「世界の女性予言者 79年を見る」という記事がある。そこに登場する予言者の一人がブルガリアの「バンゲ」女史なのだ。

記事によると、中岡氏は1978年11月20日付の[※⑩]手紙で予言を受け取ったという。

その内容をここに引用してみよう。

(1) どんな自然災害が起きるか?

地球全体に異常気象の現象が起きるであろうし、北半球では大きな水害が、南半球では冷害が起きよう。地震と風水害が多発する年となろう。日本、中国、インドなどで、これまでになかった大きな地震と、風水害があろう。時期としては7月以降の可能性が強い。地震は南アメリカの2、3カ国でマグニチュード5から7、あるいは8のものがあろう。

(2) どんな事故が起きるか?

飛行機と、列車によるものがいくつかある。そのいくつかは前例のない大きなものだ。たとえばジャンボ機同士の衝突、あるいは日本の新幹線の脱線事故のようなものだ。海上での火災事故がありそうだ。

(3) 政治、経済と事件はどうか?

政治面では中国、ソ連、アメリカでかなりの変動があり、指導者の交替もあろう。現指導者の死亡もあってのことだが。経済面では世界的に暗い。日本、ドイツ、フランスで経済的な大事件がいくつか起きる。ドルの力は弱くなるばかりだ。政治指導者の暗殺事件、ゲ

リラの新しい手口の事件が2、3ありそうだ。そのうち日本が舞台のものがある。[※⑪]

これらの予言が的中したかどうかは、当時の報道を精査すれば確認できる。

（1）について、地球規模では大きな地震がいくつかあったが、名指しされた日本、中国、インドで「これまでになかった」ような**大きな地震や風水害は起きていない**。[※⑫]

（2）についても、飛行機事故はあったが、**ジャンボ機同士の衝突や新幹線の脱線事故はなかった**。[※⑬]

（3）の政治面では、アメリカと中国が国交を樹立し、また2月17日には中越戦争が発生、12月24日にはソ連のアフガニスタン侵攻が起きている。これらは確かに国際政治上の大事件ではあるが、中国、ソ連、アメリカで**指導者の交替はなかった**。

1979年の経済は第二次オイルショックの影響でたしかに暗かった。OPEC（石油輸出国機構）が石油政策の主導権を握ったことで、ドルの地位が揺らいだのは事実だ。だが、日本円との交換レートについて言えば、年初196円台だったドル相場は、**年末に239円台を記録するなどかなり上昇**している。

政治指導者の暗殺では、韓国の朴正熙大統領暗殺事件（10月26日）があり、11月4日にはイランのアメリカ大使館占拠事件、11月20日にはメッカの聖モスク占拠事件が発生している。

ただし、**日本を舞台にしたゲリラ事件は起きてない**。

こうした結果をどう判断するかは、意見が分かれるところだろう。

自然災害や航空機事故、指導者の暗殺という漠然とした部分では、かなり甘めに見て的中したとみなすことができるかもしれない。だが、災害や事故はほぼ毎年のように世界のどこかで起きており、発展途上国では指導者の暗殺も頻繁に発生している。**あてずっぽうに言っても、当たるレベル**だろう。

一方で**具体的な国名を挙げた予言はほぼ完全にはずれている**。クルスクの予言や911事件の予言も具体性を欠いており、いずれもコールドリーディングの域を出ない。

ヴァンガの能力に結論を下すには、彼女の予言の大部分が公開され、それを実際の事件と厳密に照らし合わせる必要がある。予言の公開はブルガリア政府の決意次第である。

（羽仁礼）

■**注釈**：

※①**ゲオルギー・ロザノフ**（1926〜2012）……ヴァンガなどの超能力者を研究。日本では加速学習の基礎となった「サジェストペディア」の開発者として知られる。1966年から「国立サジェストペディア研究所」所長を務めたが、その後、ブルガリア政府はサジェストペディアが共産主義思

想と相容れないものと判断したため1980年には公職から追放された。

※②**ババ・ヴァンガ**……「ババ」というのはブルガリア語で「おばあさん」の意味。「ヴァンガ」は本名ヴァンゲリアの愛称で、「ババ・ヴァンガ」とは「ヴァンガ婆さん」といった意味になる。

※③**予知能力や透視能力**……古銭の埋まった場所を透視したり、行方不明者や迷子になった羊の居場所を当てたりした。また第二次世界大戦の発生も予言したという。その他では薬草を使った治療なども行ったとされる。

※④**政府機関を通して申し込む**……『世紀末大予言』（二見書房）の104ページによると、著者の中岡俊哉氏は1969年にブルガリア政府公認の女予言者に会うため、8通の書類を町の共産党委員会に提出したという。同書では予言者の名が「ギワラ」となっているが、掲載された写真はどう見てもヴァンガである。

※⑤**画像の出典**……「VistaNews.ru」より。

※⑥**クルスク沈没事故**……2000年8月12日、バレンツ海で演習中のロシアの原子力潜水艦クルスクが爆発後に沈没した事件。救助活動が難航し、乗員118名が全員死亡した。

※⑦**ブルガリア政府がヴァンガの予言を公開するというニュース**……ロシアの国営放送「ロシアの声」が2014年11月23日付で報道した。

※⑧**実験に関するロザノフの証言**……シーラ・オストランダー他『ソ連圏の四次元科学（下）』（たま出版）124ページより。

※⑨**中岡俊哉**（1926～2001）……超常現象研究家。心霊現象やUFO、超能力、UMAなど、

超常現象にまつわる膨大な数の著書を執筆。70年代のオカルトブームを牽引した。
※⑩**手紙で予言を受け取った**……ヴァンガはほぼ文盲であったため、本当に手紙を受け取っていたとしたら、何者かが代筆したものである可能性が高い。その意味で真にヴァンガが述べたことかどうかは不明だが、ヴァンガの名を冠して現実の事件が起こる前に公表された予言ということは言えるだろう。
※⑪**予言の出典**……（『ＵＦＯと宇宙』（１９７９年２月号）36〜37ページ。
※⑫**大きな地震がいくつかあった**……モンテネグロ、中国、コロンビアなどでＭ６からＭ７の地震が起きている。
※⑬**１９７９年の主な飛行機事故**……１月30日の「ヴァリグ・ブラジル航空機遭難事故」、５月25日の「アメリカン航空１９１便墜落事故」、11月26日の「パキスタン国際航空７４０便墜落事故」、11月28日の「ニュージーランド航空９０１便エレバス山墜落事故」など、大規模な航空機事故が何件か起きている。

■**参考資料：**
シーラ・オストランダー他『ソ連圏の四次元科学（下）』（たま出版、１９７２年）
『BABA VANGA』（Astrée, 2013）
中岡俊哉『世紀末大予言』（二見書房、１９８７年）
『ＵＦＯと宇宙』１９７９年２月号（ユニバース出版）
「緊急検証！　最真・終末予言」（ＣＳファミリー劇場、２０１４年６月17日放映）
一般社団法人潜在科学研究所「ヴァンガ・ディミトローヴァ」（ＷＥＢ）

怪奇現象FILE 26

【シンクロニシティか？ 予知能力か？】
タイタニック号沈没を予言していた小説

伝説

1912年4月14日、イギリスのホワイト・スター・ライン社が建造した、当時世界最大の豪華客船タイタニック号は、処女航海でイギリスのサウサンプトン港からニューヨークへと向かう途中、北大西洋上で氷山と衝突して沈没、約1500人の乗員乗客が犠牲になった。この悲劇は何度も映画化されて有名である。

この事件を正確に予言していた小説がある。1898年に出版されたモーガン・ロバートソン※①の『愚行 Futility』だ。この小説の中に出てくる客船の名は**タイタン号**。史実のタイタニック号と同じく、氷山とぶつかって沈没する。

驚くべきことに、タイタン号とタイタニック号は名前だけではなく、細かいスペックや事故の模様までそっくりなのだ。

不気味なほどの類似ではないか。どちらの船も「絶対に沈まない」と言われており、救命ボートの数は乗客の数に比べて足りなかった。そのために多くの犠牲者が出たのだ。

これは※②シンクロニシティなのか？　それとも作者のロバートソンには予知能力があったのだろうか？

真相

●『愚行』はどんな小説か？

この『愚行』、長らく日本では読めなかったのだが、２０１１年、「Studio120」という同人サークルが、著作権が切れていたこの小説を翻訳出版してくれた。おかげでようやく実物に触れることができた。客船の事故を描いたシリアスな小説を想像していたのだが、実際はかなり荒唐無稽で、笑ってしまうような話だった。

この小説の中のタイタン号は、霧の中を全速で航行していて、氷山に乗り上げ、横転してしまう。なぜ霧の中なのに全速だったかというと、タイタン号が他の船に衝突する場合、「半速であっても相手の船を破壊してしまうだろう」「タイタンの方はペンキの塗り直しで修復できる程度の被害ですむ」という理由だ。とてもありそうにない話である。

船名	タイタン号	タイタニック号
船籍	イギリス	イギリス
全長	８００フィート	８８２フィート
排水量	7万トン	5万２３１０トン
スクリューの数	３基	３基
マスト	３本	３本
防水区画の数	19	16
救命ボート数	24	20
最大乗員乗客数	約 3000 人	約 3000 人
事故の起きた月	４月	４月
衝突時の速度	25 ノット	22・５ノット
衝突した時刻	真夜中近く	午後 11 時 40 分
衝突した場所	右舷	右舷

【表】タイタン号とタイタニック号の共通点

実際、タイタン号は氷山に衝突する前、小さな船と衝突して沈めている。その事故に気がついたのは船長と数名の船員だけ。彼らはその事故を隠蔽しようとする。

主人公はローランドという船員で、船が横転したため、幼い少女とともに氷山の上に投げ出される。すると**氷山の上に棲む**※③**ホッキョクグマが襲ってくる**。ローランドは左腕を噛まれて骨を砕かれ、肋骨も折られるが、残った右腕を使ってナイフ１本で巨大なクマを殺害。さらに自分で布を裂いて三角巾を作ったり、クマの毛皮を剥いだり、少女のために服を作ってやったりする。

実は巨大客船の沈没はこの小説の主眼ではない。タイタン号の氷山との衝突と転覆、大勢の乗客の死は、**翻訳ではたった2ページほどであっさり語られるだけ**なのだ。ストーリーの大半を占めるのは、氷山の上でのローランドのサバイバルと、救出された彼に罪をなすりつけようと企む船長たちの陰謀なのである。

●違っている点も多い

1898年、最初に『愚行』が出版されたときは、まったく話題にならなかった。1912年にタイタニック号の事故が起きると、ロバートソンはそれを『タイタンの遭難または愚行 The Wreck Of The Titan Or, Futility』と改題して、その年のうちに復刊した。その際、**実際のタイタニック号に合わせて一部が書き改められている。**たとえば1898年版では、タイタン号の排水量は「4万5000トン」になっていたが、1912年版では、現実のタイタニック号の排水量（5万2310トン）に比べて小さすぎると思われたのか、「7万トン」に変えられている。

タイタニック号とタイタン号の事故は、一致点だけを列挙していくと似ているように見えるが、違っている点も多い。タイタニック号は処女航海でイギリスからアメリカに向かう途中で沈没したが、タイタン号は※④3回目の復路でアメリカからイギリスに向かう途中だった。ネットに拡散している情報では、タイタン号は（タイタニック号と同じく）右舷が氷山と接触したことになっているが、**実際は氷山に真正面から乗り上げ**、右に横転している。タイタニック号が沈没するのは氷山に衝突してから2時間40分後だが、タイタン号は氷山に乗り上げてすぐに横転して沈没した。タイタニック号では2224人の乗員乗客のうち710人が生き残り、※⑤1514人が死亡したが、タイタン号では生存者はわずか13人で、※⑥約3000人の乗員乗客のほぼ全員が死亡。つまり**犠牲者数が約2倍も違う**。

実際のタイタニック号。当時を代表する大型豪華客船だった

●小説家の空想と考えても不思議はない

そもそも1898年という時点では、客船の大型化が進んでおり、10数年後にタイタニック号のような大型客船が完成するだろうということは、船に詳しい人間なら容易に予想できただろう（ロバートソンは元船乗りだった）。空想上の近未来の客船のスペックが現実のタイタニック号に近かったとしても不思議はないし、その巨船に神話上の巨人を意味する「タイタン」※⑦という名がつけられるのも、おおいにありそうなことだ。

また、潜水艦[※⑧]の魚雷攻撃などというものがまだなかった時代、大型客船の突然の沈没の原因として、氷山との衝突を想定するのも自然なことである。乗員乗客の数に対して救命ボートが足りないのも、この時代には普通のことで、むしろタイタニック号の悲劇がきっかけで安全対策が見直されたのだ。

ロバートソンは1914年、「スペクトルのむこうにBeyond the Spectrum」という作品も書いており、これも「Studio120」が翻訳した同人誌を出している。当時流行[※⑨]していた日米架空戦記もので、日本軍が人間を失明させる紫外線兵器でアメリカ軍の艦船を攻撃してくるというストーリーである。その後の太平洋戦争とはまったく一致しておらず、予言的な要素は見られない。ロバートソンは他にも多くの小説を書いているが、『愚行』のように現実の事件を予言していたものはないようだ。

（山本弘）

■注釈：

※①**モーガン・ロバートソン**（1861〜1915）……アメリカ人。父親は五大湖を運行する船の船長で、モーガンも16歳で船乗りになった。10年間を船乗りとして暮らし、その後、宝石加工師に転職。小説を書きはじめたのは36歳の時だが、小説家としては成功しなかった。

※②**シンクロニシティ**……心理学者のカール・ユングが提唱した概念で、「意味のある偶然の一致」のこと。ユングは人間の無意識は深層でつながっており、偶然のように見える出来事も互いに影響し合っていると唱えた。

※③**ホッキョクグマ**……白い体毛に覆われているためシロクマとも呼ばれる。肉食で、主にアザラシなどを食う。成長したオスは400キロ以上もあり、とても人間がナイフ一本で倒せる相手ではない。

※④**3回目の復路**……この出来事がTVシリーズ『世にも不思議な物語』（1959）第2話で語られた際、ホストのジョン・ニューランドは、誤ってタイタン号も処女航海だったと解説している。

※⑤**1514人が死亡**……資料によって犠牲者数に差があり、1496人としているものもある。

※⑥**生存者はわずか13人**……船長、一等航海士、甲板長、7人の船員、女性客1人、それにローランドと少女である。

※⑦**「タイタン」という名**……タイタンは元素名の「チタン」と同じく、ギリシア神話の巨人族ティーターンに由来する。Titanic と形容詞にすると、「タイタンのような」「巨大な」という意味になる。

※⑧**潜水艦の魚雷攻撃**……タイタニック号の悲劇から3年後の1915年5月7日、イギリスの客船ルシタニア号がドイツ海軍の潜水艦の魚雷攻撃を受けて沈没、1198名が死亡している。

※⑨**当時流行していた日米架空戦記もの**……この時代、日本とアメリカの架空の戦争を描いた小説には、マースデン・マンソン『黄禍との戦い』（1907）、ロイ・ノートン『消える艦隊』（1908）、アーネスト・H・フィッツパトリック『迫り来る諸国の戦争』（1909）、ホーマー・リー『無知の勇気』（1909）、ジョン・アルレット・ギージー『すべて祖国のために』（1915）などがある。

■参考資料：

H・ブルース・フランクリン『最終兵器の夢』（岩波書店、２０１１年）
モーガン・ロバートソン『タイタンの遭難　または愚行』（Studio120・同人誌、２０１１年）
モーガン・ロバートソン『スペクトルのむこうに』（Studio120・同人誌、２０１１年）
ＤＶＤ『世にも不思議な物語２』（コスミック出版、２０１２年）
「Encyclopedia Titanica」（ＷＥＢ）
TIME「Author 'Predicts' Titanic Sinking, 14 Years Earlier」（ＷＥＢ）
「Titanic-Titanic.com」（ＷＥＢ）
「History On The Net/The Titanic - Futility」（ＷＥＢ）

【第四章】

未知の怪生物との遭遇

「UMA事件」の真相

怪奇現象 FILE 27

コロラドの「スカイ・クリッター」

【伝説のプラズマ生命体の撮影に成功した奇跡の写真】

伝説

2011年3月25日、アメリカ・コロラド州に住むラリー・スミスは、自宅の庭で奇妙な生物を撮影した。写真を見ると、その生物は、オレンジ色と緑色に発光し、アメーバのような形をしている。

これは、「スカイ・クリッター（別名：スペース・クリッター）」と呼ばれるUMA※①をとらえた可能性が高い。スカイ・クリッターとは、成層圏（上空約10キロ～50キロの大気層）より高空に生息するといわれるプラズマの生命体である。主に宇宙飛行士などにより目撃されることが多いが、今回は珍しく地上付近に降りてきたようだ。

スカイ・クリッターの特徴は、アメーバのような形状と、発光体であること、さらに大きさや色は自在に変化させることが可能であるという点だ。

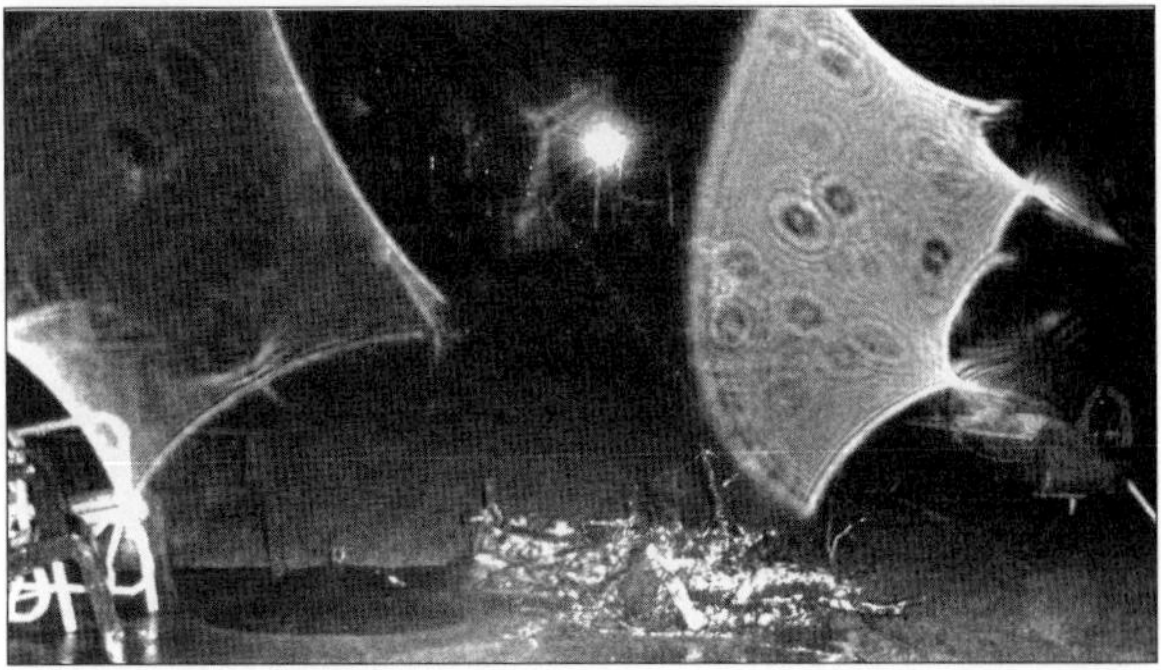

ラリー・スミスが撮影した「スカイ・クリッター」のうちの1枚（※②）

今回、写真は複数枚撮られており、それぞれに形を変えた姿が写っている。色も鮮やかで、これほど鮮明な写真は珍しい。世界的にも大変貴重な写真である。

真相

今回の写真は、カラーで見ると、オレンジと緑の色合いがとても鮮やかで、インパクトがある。筆者（本城）も最初に見たときは思わず目を見張った。

ところが、撮影された複数の写真をよく見ると、その正体を考える上で重要なポイントになりそうなものが、いくつか写っていることに気がついた。

まず撮影場所の庭には、スプリンクラーのようなものから撒かれたと思われる水が写っている。

次に写真の奥には、オレンジ色の光を発する街灯のようなものと、別の写真の左側には緑色に照らされた

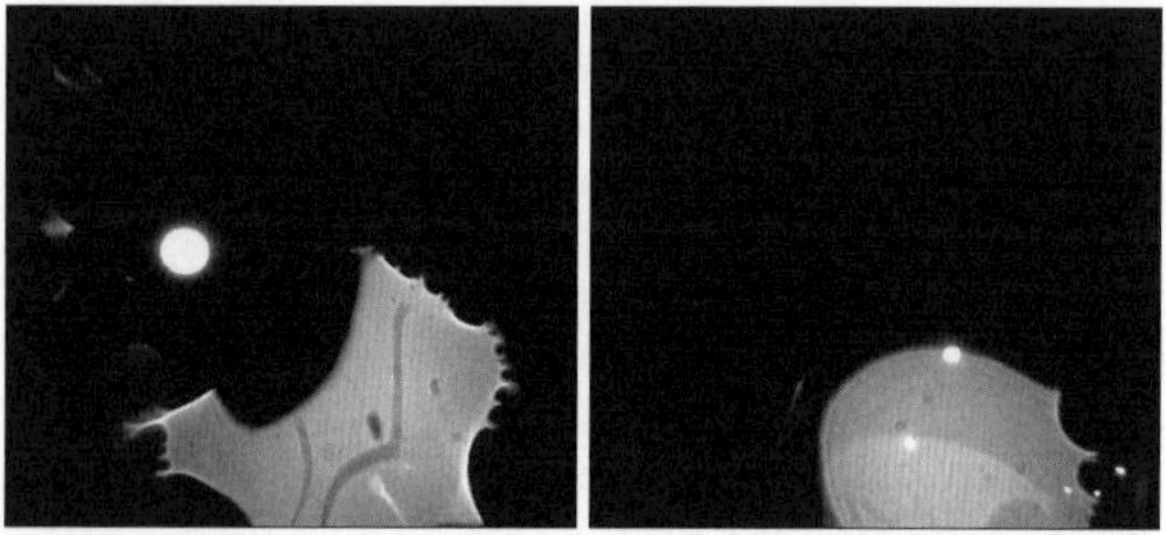

「スカイ・クリッター」の再現写真。カメラのレンズに水滴を垂らし街灯に向けてシャッターを切るとよく似たアメーバ状のものが撮影できた（撮影：本城）

建物が写っている。おそらく左側のフレームの外にも、街灯はあったと思われる。

実は街灯の中には、肉眼では白っぽく見えても、カメラを通すと緑がかった色に見えるものがある。オレンジ色の街灯はおなじみだろう。

さて、オレンジ色と緑色の街灯、それに水。これらから導かれる今回のスカイ・クリッターの正体は**レンズに付着した水滴が街灯の光を反射して起こした像**ではないかと考えられる。

これは実際に再現してみるとわかりやすい。まずカメラのレンズに水滴を垂らし、そのレンズを街灯の方向に向ける。このとき、レンズ表面の水滴は形が崩れ、レンズ上でつぶれている。

そこに街灯の光が当たると反射し、**アメーバのような奇妙な形が広がる**。色は光源となる街灯の色を反映している。もし光源がカメラのフレームから外れていても、光がレンズに届いていれば同様の現象を引き起こす。
これが、今回のスカイ・クリッターの正体だ。再現写真でも同じ条件で、**ほぼ同様のものが撮影できた。**今回は残念ながら未知の生命体ではなかったものの、こういったカメラと光、そして水が織りなす現象にも、なかなか目を見張るものがあるようだ。

（本城達也）

■注釈：
※①**UMA**……ネッシーや雪男、ツチノコなど生物学的には立証されていないが、存在するとされる生物のこと。「Unidentified Mysterious Animal（＝謎の未確認生物）」の頭文字をとったもので「ユーマ」と発音。超常現象研究家の南山宏氏が考案したとされる。
※②**画像の出典**……「Colorado Man Photographs Flying Jellyfish-Like 'Critters'」より。

■参考資料：
天野ミチヒロ『本当にいる世界の「未知動物」案内』（笠倉出版社、２００６年）
「Colorado Man Photographs Flying Jellyfish-Like 'Critters'」『Cryptozoology News』（ＷＥＢ）
Leon Drew「Larry Smith Report - Critters」『The Crypto Crew』（ＷＥＢ）
「Weird glowing shapes in photos」『ASSAP』（ＷＥＢ）

怪奇現象FILE 28

【世界を騒然とさせた謎の生物の死骸映像】

未知の巨大地底生物「トレマーズの死骸」

伝説

2013年、ベトナムから衝撃的なニュースがもたらされた。

中国のメディアが映像付きで配信したもので、報道によるとベトナムの地中から全長10メートルを超える巨大生物の死骸が掘り出されたというのである。

映像には、巨大な口を持つ細長い死骸が、大勢の群衆に見守られながらトラックに載せられていく様子が映し出されている。

その死骸は一見、クジラに似ているが、クジラが地中にいるはずがない。

ひょっとするとこの映像は、映画『トレマーズ』※①で描かれた巨大な殺人ミミズ「グラボイズ」の死骸なのかもしれない。

問題の謎の生物の死骸。細長い体に大きな口がある（※②）

真相

実際の映像を見てみると、それはもう大変なお祭り騒ぎである。

数千人の群集が思い思いにカメラや携帯でビシバシ写真や映像を撮っている。これが未知の巨大生物だとしたら、ベトナムのローカルニュースで終わるはずがないし、「隠蔽されたのだ！」といういつもの陰謀論も通用しない。世界的な大ニュースになるはずである（UMA界隈ではなっていたが……）。

では、この死骸の正体はいったい何なのだろうか。

残念ながらグラボイズではない。

どう見ても、クジラである。

映像の死骸には、クジラであることを示す特徴が満載だ。背中には**小さな背びれがある**し、大きく開いた口の中には**ヒゲクジラ特有の鯨ひげ**があるのも確認できる。

これはもう、クジラに似た生物などというものではなく、**クジラそのもの**である。

クジラにしては体が細長すぎると思う人もいるかもしれない。だが、ナガスクジラ類のような比較的高速の遊泳に適応した種類は、一般的なクジラのイメージよりもはるかに細長い体型をしている。

この生物の正体もナガスクジラ類のどれかの種であろう。ナガスクジラの仲間にはナガスクジラ、シロナガスクジラ、イワシクジラなどが含まれる。

問題はなぜ、クジラが陸地でトラックに積まれる映像が残っているかである。

海面付近を泳ぐシロナガスクジラ

これについては、ベトナムの漁民文化が関係している。

ベトナムの漁民には、古くから**クジラを信仰する風習**がある。ベトナムでは鯨は「カー・オン（魚の王）」と呼ばれ、漁民を守る存在なのだ。そのため、海岸に打ち上げられたクジラを手厚く埋葬し、白骨化した後で掘り出して、あらためて「鯨廟《びょう》」に安置する、ということが行われているのである。小型のイルカから大型種の鯨まで、ベトナムの人々は打ち上げられたクジラの死体を、昔からの伝統を守り弔っている。クジラの骨格が納められた鯨廟はベトナムの各地に点在するという。

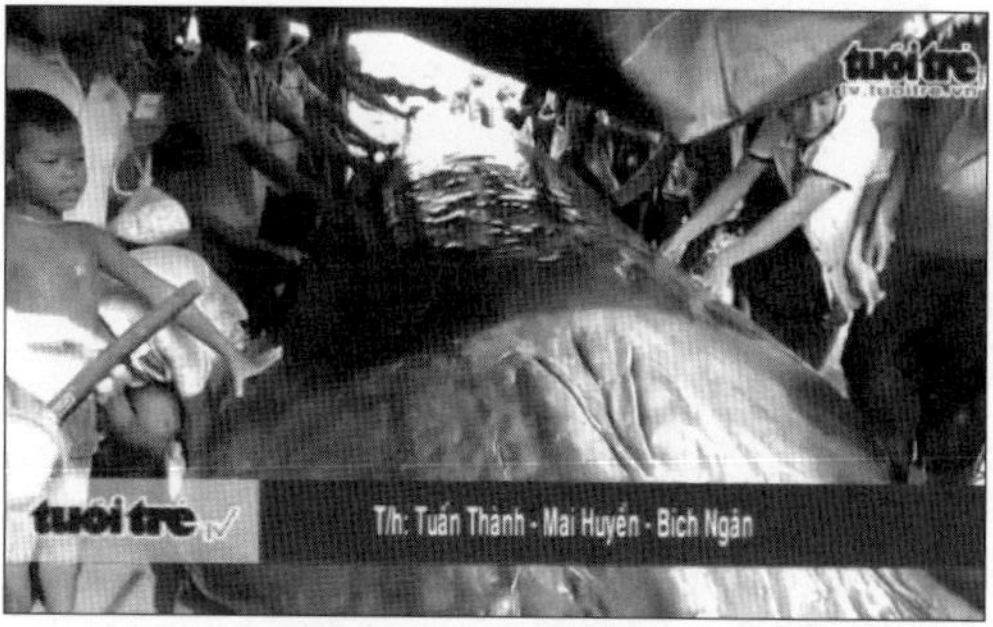

2013年10月11日のクジラ漂着を伝える現地映像（※③）

海外サイト「CryptoZooNews」によれば、この映像のクジラは、２０１３年10月11日、ベトナムのソクチャン省の海岸の干潟で**弱っているのを発見されたクジラ**である可能性が高いという。

この鯨漂着のニュースはいくつかの海外のニュースサイトで紹介されており、クジラは後に死亡し、埋葬場所まで運ぶためにトラックに乗せられたそうだ。

ＹｏｕＴｕｂｅにアップされた当時の映像には、問題になった**動画のクジラとよく似た死骸が、同じような風景の中で、同じ型のトラックに積み込まれる**様子が映っている。

土中から発見されたように見える映像も、実際はトラックが横付けできる位置までクジラを引っ張っていったというのが真相のようだ。そこに野次馬が群がり、大変な騒動となったようである。映像がまるでお祭り騒ぎのようになっているのも仕方のないことである。何しろ、文化的にもまぎれもない事実として、**お祭り騒ぎだった**からだ。
なぜこのベトナムローカルニュースが「怪獣発見」というニュースに化けたのか、その理由はいまだ謎に包まれているが、UMA界隈ではそれらしい映像に適当な尾ひれを付けたニュースはいつものことであり、「ああ、またか」という感想を持たずにはいられないところである。

（横山雅司）

■注釈：
※①**『トレマーズ』**……1990年に公開されたアメリカのパニック映画。グラボイズと呼ばれる巨大なイモムシのような地中生物と人間との戦いを描く。第四作まで制作されている。
※②**画像の出典**……「网曝越南从地底挖出奇怪生物」より。
※③**画像の出典**……「Cá voi 10 tấn bị mắc cạn đến chết」より。

■参考資料：
「リアル・トレマーズ!!　ベトナムの地底から謎の超巨大生物が発掘!!（TOCANA）」（WEB）
「Worm Monster, Media Mistakes, and Mystery Solved（CryptoZooNews）」（WEB）

怪奇現象FILE 29

【某有名新聞の一面を飾った日本伝統の妖怪の写真】

「遠野のカッパ騒動」の真相

伝説

2015年8月22日、「東京スポーツ」一面をスクープ写真が飾った。縦30センチを超える大きなカラー写真に付けられた大見出しは**「屋久島にカッパ」**。日本の滝百選にも選ばれた屋久島の大滝「大川の滝」の前で子どもたちが撮った記念写真に、カッパが写り込んでいたというのだ。その写真をみると確かに、甲羅を背負ったカッパが好物のキュウリを手にして岩に腰掛けている姿のように見えないこともない。

カッパ写真が東スポの一面を飾ったのは、これが初めてではなかった。

2002年10月24日にも「衝撃写真　カッパ発見」という大見出しと共に「遠野物語」の故郷・岩手県遠野市の小烏瀬川の川辺に現れたというカッパの写真が掲載された。あまりにすごいスクープだったので他紙は全く追えず、「カッパの正体は井手らっきょか」などと続

東スポ
新潟 土曜 確定
日曜 重賞 札幌記念&北九州記念
小倉 札幌
香川 1ゴール 決勝アシスト
屋久島にカッパ!!
衝撃写真
赤井沙希 天龍のダミ声克服 珍特訓
大阪中1少女殺害 注目証言
NEWS ZERO 山岸の後釜
東京スポーツ
TOKYO SPORTS PRESS

「東京スポーツ」（2015 年 8 月 22 日）の一面

報を打つ東スポの独壇場となった。[※①] 柳田國男の『遠野物語』でよく知られる遠野の里は昔からのカッパ伝説の宝庫である。東スポがそうスクープした以上は、カッパは本当に実在していたのである！

真相

屋久島のカッパ写真は、東スポ紙上のコメントで「**スマホを持ったおっさんの可能性も否定できない**」と書かれている程度の写真だった。どうみても頭に皿があるように見えず、カッパだとなぜ決めつけられたのか、そのほうが不思議なくらいであった。

２００２年の遠野のカッパ騒動の時には、筆者（皆神）も即日、遠野へと取材に飛んだ。その結果分かったことは、「東スポ」は一言も報じていなかったが、スクープ写真が東スポに載る10日前に、遠野の「カッパ」は**地元のおまわりさんから取り調べを受けていた**ということだった。

「カッパに変装した男とカメラマンらしき男の2人組が歩いているのを見た」という届け出が住民から地元派出所に出されていた。いくら「カッパ伝説の故郷」でも、本当にカッパが

「東京スポーツ」（2002年10月24日）の一面

道を歩いていたら、そりゃ警察にも届けるだろう。

駐在所が調べたところ、カッパが乗ってきた車は岩手県北上地方の観光会社が所有するレンタカーで、三陸海岸のほうに遊びに行くからという口実で貸し出されていたものだった。カッパがレンタカーに乗るとは初めて聞いた。だが**「カッパの格好をして歩いてはいけないという法律はない」**ため、遠野署では、それ以上詳しくは調べなかった。

この騒動で遠野のカッパ伝説が東京のテレビなどで改めて紹介され、地元は宣伝になって喜んでいるのかと思ったら全く逆で、一様に大変に迷惑がっていたのは意外だった。遠野市商工観光課は「早く終わってくれれば、というのが地元の本音。この騒動で、従来の遠野のイメージが崩されることが一番の

心配」と話していた。

地元では誰も本当にカッパが出たなどと思っておらず、誰のイタズラかという点は**「地元の仕業ではない」**という説が有力だった。というのは、現場近くは熊が出るので地元住民ならカッパの姿で歩くような馬鹿な真似はしない。さらに地元からみれば**「遠野のカッパは顔が赤いというのが常識」**だったのだ。確かに『遠野物語』59話には「遠野の河童は面の色赤きなり」とある。この時目撃されたカッパの顔は黒かったので、遠野物語さえよく読まないまま遠野に来てしまった不勉強なカッパらしかった。

結局この騒動は、当時日本テレビ系列で放送していた**バラエティ番組「電波少年に毛が生えた　最後の聖戦」**※②**が視聴率アップのために仕掛けたもの**で、お笑い芸人モンモンがカッパに扮して3ヶ月も遠野に潜伏していたというのが話のオチだった。

これら平成のカッパ出現騒動は別にしても、日本には古くから数多くのカッパ伝説が残されている。カッパの正体や起源については、中国からの渡来説や人形由来説、牛頭天王の御子神説などなど多くの諸説が入り乱れている。

柳田國男は、その著『山島民譚集』の「河童駒引」の中でカッパを「エンコウ」「エンコ」と呼ぶ地方があるといった各地のカッパ伝承の事例を数多く挙げながら、カッパの正体は**「サルではないか」**とする説を展開した。

あまりに夢のない現実的な説なので、柳田に遠野物語を伝えた遠野の文学者・佐々木喜善《きぜん》もこの説には反発を感じた。だが結局は、柳田に送った書簡のなかで「河童と猿と異名同体なること、色々と御説明を拝読するに及び、渋々ながらもうなづかるる節有之候」と柳田の「カッパ＝サル説」を渋々ながら認めざるを得なかった。

ウケ狙いの作り話は別にして、本当にカッパを見たとする目撃談の正体の多くは、たぶんこんなところであったのだろう。

（皆神龍太郎）

■注釈・・

※①**柳田國男**（1875〜1962）……民俗学者。東北の農村の実態を調査する過程で民族伝承に関心を持ち、岩手県遠野の伝承を集めた『遠野物語』を執筆。日本民俗学を切り開いた。

※②**視聴率アップのために仕掛けたもの**……後に「東スポ」へ写真を投稿したのも番組スタッフだったことが判明し、批判が殺到。視聴率の低迷もあって新聞掲載から3ヶ月後に番組は終了した。

■参考文献・・

原美穂子『遠野の河童たち』（風琳堂、1999年）
定本柳田國男集第四巻『遠野物語』（筑摩書房、1963年）
定本柳田國男集第二十七巻「山島民譚集」（筑摩書房、1964年）

怪奇現象 FILE 30

【世界的な有名ドキュメンタリー専門チャンネルがスクープ！】

大発見！ 人魚伝説の新たな真実

伝説

ネイチャー系のドキュメンタリー専門チャンネルとして名高い米国の「アニマルプラネット」で2013年5月、驚くべき番組が放映された。

「Mermaid The New Evidence（人魚伝説～新たなる真実～）」と銘打って、伝説の人魚が実在することを証拠の映像を交えて証明しようというトーク番組だ。

番組では3本のビデオが紹介された。1本目は、イスラエル沿岸の町キリヤット・ヤムで、米国人観光客によって偶然撮影されたというビデオだ。崖の上から、眼下の海を撮影していたところ、岩の上で横になる、イルカのような尾を持った灰色の生物がとらえられた。生物はすぐに海中へと飛び込んでしまうのだが、アザラシにしてはどうみても体が長すぎた。

2本目は、2003年に行われた英国沿岸警備隊※①の夜間救助訓練の記録ビデオで、荒れる海の中をゴムボートが進んでいると、右舷前方の海中から白い生物が顔を出す。懐中電灯で照らすと骸骨のような顔が浮かび上がり、次の瞬間、生物はボート前面を横切ってアッという間に海中へと消えていった。番組に登場した沿岸警備隊の士官は、白い生物を「アザラシだ」と強弁していた。

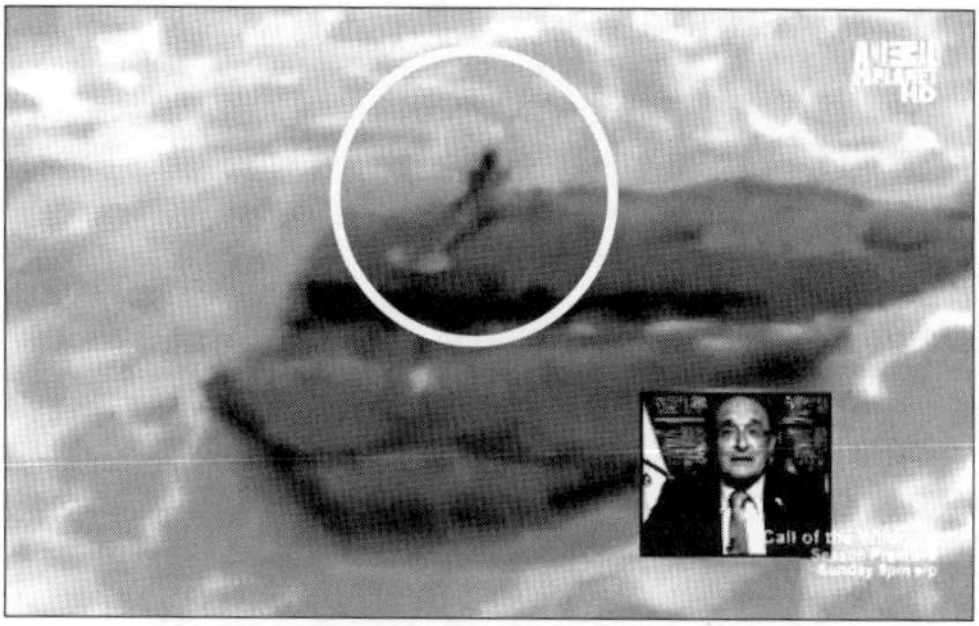
番組で紹介されたイスラエルの人魚動画（※②）

最後の3本目が最も衝撃的な映像であった。

ビデオは2013年3月6日、ノルウェー海沖のヤンマイエン島近くの水深1000メートル辺りで小型潜水艇の内部から撮影された。海中の様子を海洋学者たちが、船内から2台のホームビデオで映していると、何かが潜水艇にぶつかって船体が大きく揺れ、直後、窓の外に灰色の生物が出現した。その生物は潜水艇の窓ガラスを左手で強く叩いて、再び海中へと消えていった。ビデオカメラは2台とも、窓ガラスの表面に一瞬浮かび上がった、水掻きが付いた5本指の手のひらを鮮やかに捉えていた。

この番組は2011年放送の「Mermaids The Body Found（人魚伝説～失われた真実～）」の続編として制

作された。前編では、南アフリカの浜辺に打ち上げられた人魚の死体を分析した海洋生物学者たちの奮闘が描かれた。人魚の死体は南アフリカ国外への持ち出しが認められず、突然踏み込んできた地元警察の手で他の証拠と一緒に全て没収されて闇へと消された。

続編では、前編で人魚の死体を解剖した米国海洋大気庁（NOAA）のポール・ロバートソン博士と、潜水艇内から人魚の姿を撮影したトルステン・シュミット博士の2人が、スタジオに登場。両博士は米海軍が今も続けている海中ソナー実験がクジラや人魚たちの生態を狂わせている可能性を指摘し、即刻やめるよう批判した。

人魚は、実在していたのだ。各国政府がその存在を知りつつも黙殺しているのは、軍事的にも経済的にも、人魚の存在自体が不都合だからなのである。

真相

この番組は、ドキュメンタリーを装って作られた**フィクション**であった。

当たり前だが、内容も全くの作り話。映画データベースに番組名を入れて調べてもらえば、それはすぐに分かる。出演しているのは、俳優さんばかりだったのだ。

例えば番組で、潜水艇から人魚を撮影した海洋学者トルステン・シュミット博士とされて

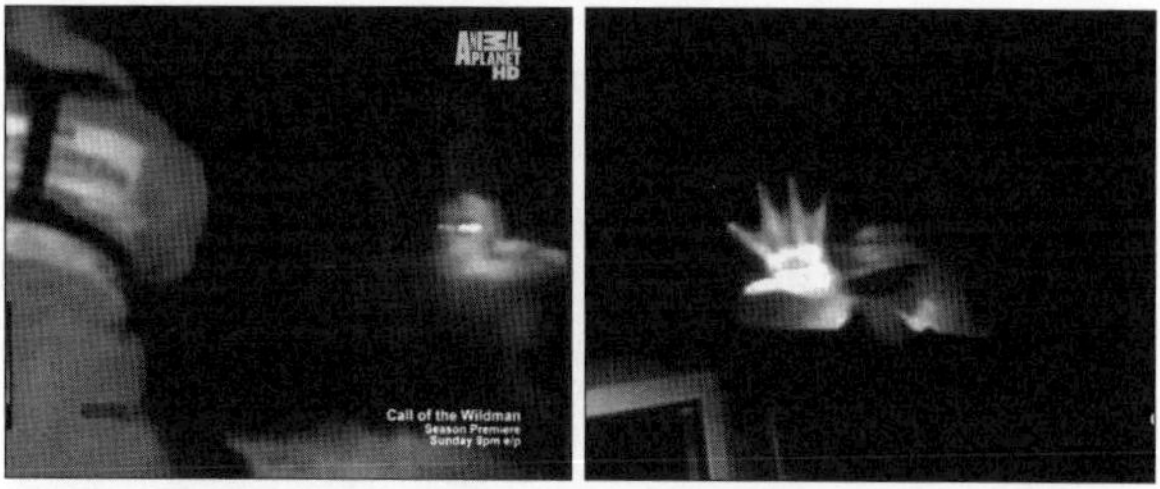

英国沿岸警備隊が撮影した人魚（左）と小型潜水艇が遭遇した人魚（右）

いた人物は、アルバート・ベンデックスという名の俳優さん。
また「米国海洋大気庁魚類部門に1996年から2005年まで勤務」と丁寧に字幕で紹介されていたポール・ロバートソン博士も俳優さんで、本名はデヴィット・エバンス。だが、**映画データベースに載っている出演作品はこの「人魚伝説」だけ**。顔が売れていない分、フェイク・ドキュメンタリーには使いやすい人材だったのだろう。

番組内でもフェイク・ドキュメンタリーであると、まったく告知していないわけでもなかった。だが「**この番組にはフィクションも含まれる**」とか「**実在の人物に似ていたとしても、それはまったくの偶然です**」などというよく分からない注意書きが、番組の最後にほんのちょっと表示されただけであった。「アニマルプラネット」は番組のクオリティの高さに定評があるだけに、見た人々がつい「人魚は実在したのか」などと勘違いしても仕方がないような作りとなっていた。

では、「アニマルプラネット」の看板を傷つけかねないようなフェイク番組をなぜ作り、なぜオンエアしたのか？　それは、**視聴率が取れると踏んだか**らだろう。「人魚伝説～新たなる真実」は制作者側の思惑通りに、「アニマルプラネット」開局17年間史上、最高視聴率の番組となり、**約360万人に見られた**という。ウケさえすれば、あとはとりあえずどうでもいいとか思っているに違いない、きっとね。

（皆神龍太郎）

■注釈：

※①英国沿岸警備隊……1829年に設立された沿岸警備隊。名称に「警備」とあるが、主な任務は人命救助である。

※②画像の出典……241、243ページの画像とも「Animal Planet's Mermaids The New Evidence 2013 Full」より引用。

■参考資料：

「How hoax Mermaid 'mockumentary' gave Animal Planet its biggest audience EVER（Daily Mail Online）」（WEB）

「Mermaid hoax drowns Animal Planet's ratings record（Entertainment）」（WEB）

「Mermaids: The Body Found」と続編の「Animal Planet's Mermaids The New Evidence」は、YouTube上にフルバージョンの動画が投稿されている。

怪奇現象FILE 31

【スタンフォード大学も調査に乗り出したエイリアンの遺体!?】

謎のミイラ「アタカマ・ヒューマノイド」

伝説

2003年、チリのアタカマ砂漠※①で、奇妙な小型ミイラが発見された。ミイラの体長は約15センチ。人の形はしているものの、頭部は不自然に大きく、見た目はまるでエイリアンのようである。とても人間には見えない。

このミイラは2013年に、その正体を明らかにするため、アメリカのスタンフォード大学で半年の間、調査された。調査を担当したのは、同大学のゲーリー・ノーラン博士と、ラルフ・ラクマン博士。

ラクマン博士によると、まずミイラが悪ふざけによる作り物の可能性はまったくないという。CTスキャンやX線画像による検査で、ミイラの骨や内臓器官が人間とよく似ていることが確認されたからだ。

しかし、このミイラには、奇妙なことに本来12対あるはずの肋骨が10対しかないという異常が見られた。また頭蓋骨も正常な人間よりはるかに大きかった。

さらに驚くべきことに、ミイラの膝の骨密度などが調べられた結果、年齢は6～8歳だったことが判明。体長はわずか15センチほどしかないことを考えれば、普通ではあり得ない。

またノーラン博士が実施したDNA分析によれば、ミイラは人間に近かったものの、奇形を説明できるいかなる遺伝子異常や骨格形成の異常なども発見されなかったという。

つまり人間に近い特徴を持ちつつも、通常の人間ではとうてい説明困難な特徴もあわせ持つという奇妙なミイラだったのだ。

もしかしたら、人間とエイリアンのハイブリッドだったのかもしれない。

この検査を主導したアメリカのスティーブン・グリア医師※②によると、アタカマ砂漠周辺ではUFOの目撃証言がたびたび報告されているという。こうした背景もあわせて考えれば、ハイブリッド説も、あながち信憑性が低いとはいえないのである。

真相

このミイラは発見場所から名前を取って、**「アタカマ・ヒューマノイド」**、通称「アタ」と呼ばれている。いわゆる小人に分類される奇妙な存在としては、現在、最も有名だといえるかもしれない。

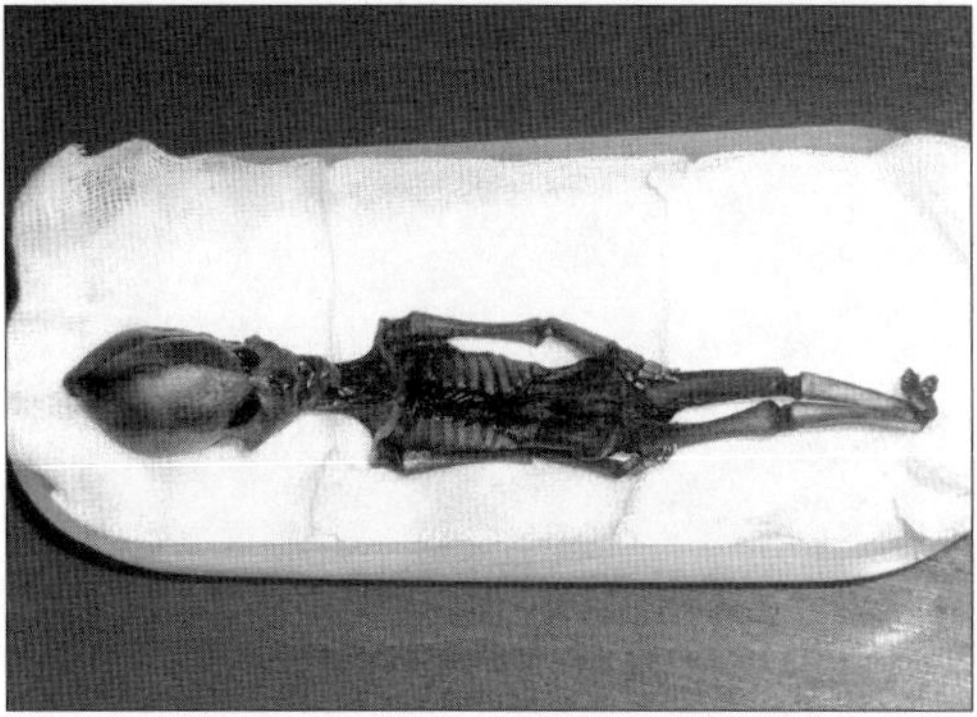

アタカマ・ヒューマノイドの全身写真（※③）

そんなアタの調査が、２０１３年にスタンフォード大学で行われたというのは事実である。ただし、現在、流布されている同大学の調査結果については、いくつか誤解も見られる。また、他にも調査は行われており、それらも合わせて考える必要がある。

●アタは胎児だった？

まず、アタの最初の調査が行われたのは２００４年。このときはスペインの王立科学アカデミーの医者などが調査を担当している。

その中の一人、法医学者のフランシスコ・エチェベリア・ガビロンド博士によれば、アタは典型的な胎児の特徴を備えていたという。そして体長や骨の長さから考えると、「**約15週目の胎児のミイラ**」と

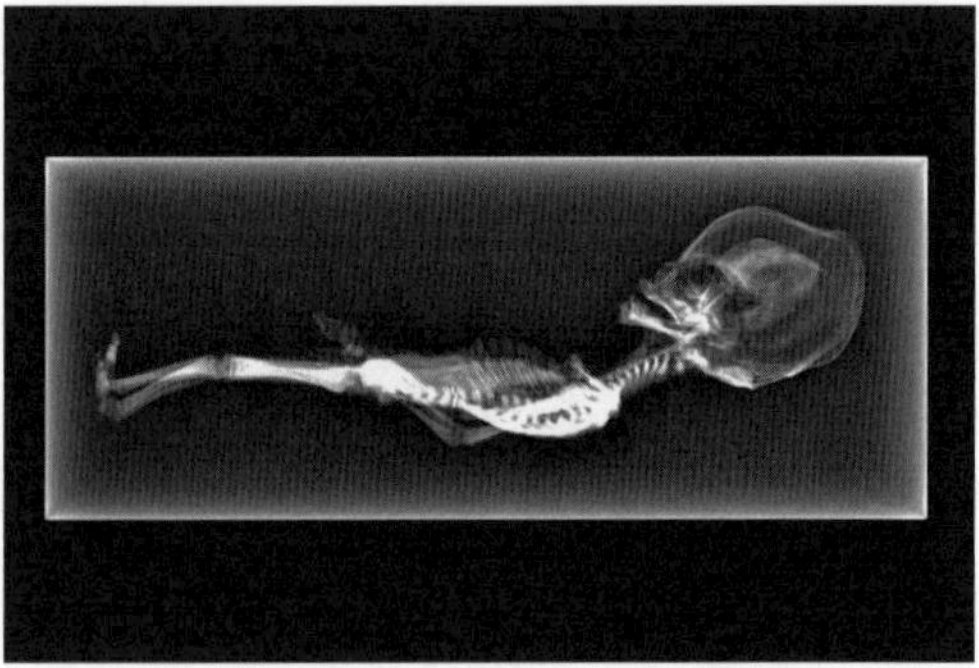

アタカマ・ヒューマノイドの骨格写真

いうのがガビロンド博士の結論だった。

アタカマ砂漠は非常に乾燥した場所であるため、流産、もしくは妊娠中絶された胎児が放置されれば、**自然にミイラ化してしまう**という。

この胎児説については、ニューヨークのストーニー・ブルック大学医療センターで解剖学を専門にしているウィリアム・ジャンガースや、イギリスのホーニマン博物館で胎児の骨格標本を扱っているパオロ・ヴィスカーディなども主張している。

●スタンフォード大学での調査

一方で、これらとは別に行われたのが、2013年のスタンフォード大学での調査である。このときの調査で最も奇妙な結果が出たのは、**アタの年齢が6～8歳だった**というものだ。

ただし調査を担当したラクマン博士は、この結果についていくつかの説明を試みている。

（1）重度の小人症だった可能性

小人症とは、きわめて低い身長になってしまう疾患のこと。ラクマン博士によれば、過去には8～9歳で亡くなった際、身長が48センチしかなかったイタリア人女性などがいたという。アタの場合は身長がこの3分1以下のため、小人症であればかなり重度だったことになる。

（2）自然のミイラ化によって石灰化が進んだ可能性

きわめて乾燥した場所に遺体が放置された場合、自然にミイラ化することがある。そのとき石灰化が進み、骨の状態も変化し、実際より古い年齢に見誤ることがあるという。

（3）早老症だった可能性

早老症とは、通常よりも急激に老化が進んでしまう疾患のこと。ラクマン博士によれば、アタの体長からは22週目の胎児の可能性も考えられるとしている。この場合、早老症によって急激に老化が進み、早産の末に亡くなった可能性があるという。

さてこのように、ラクマン博士は自らの調査結果に対して、複数の仮説を検討している。

他方、もう一人の研究者、ゲーリー・ノーラン博士は、アタのDNAの分析を担当している。ノーラン博士の分析では、次のことが明らかになっているという。

（1）アタは人間

（2）性別は男

（3）母親はチリの先住民

これに確定ではないものの、**生まれて亡くなったのも20世紀の可能性が高い**としている。

また通常では、これに「奇形を説明する遺伝的要因は見つからなかった」という話も加わる。しかしながら、この話は、実は2013年時点でのことであり、**DNAについての分析自体は継続中**だった。

そこで筆者（本城）は、ノーラン博士に2015年9月時点での状況を、メールにて問い合わせてみることにした。調査が進んでいる可能性があるからだ。

すると、博士からはすぐに返信があった。その返信によれば、**アタの通常とは異なる点を明らかにする遺伝子の変異をすでに発見した**という。現在は、分析結果をまとめた論文を執筆中であるそうだ。[※④]近い将来、発表される見込みである。

●まとめ

以上をまとめると、アタは**20世紀に亡くなった男性で、母親はチリの先住民**。おそらく**きわめて珍しい疾患があった**。胎児、もしくは小人症、早老症だったのかについては、ノーラン博士の分析結果が発表されていないため、確定的なことはいえない。

いずれにせよ、今後、ノーラン博士が発表する論文によって、進展があるはずである。期待して待ちたい。

（本城達也）

■**注釈：**

※①**アタカマ砂漠**……チリ北部にある巨大な砂漠。南北は1000キロ、東西は160キロという縦に長い形をしており、平均標高は2000メートルにもなる。

※②**スティーブン・グリア**（1955〜）……2001年に、隠蔽されたUFO情報を暴露するという触れ込みで「ディスクロージャー・プロジェクト」を主催。以降も同様の活動を続け、2013年にはクラウドファンディングで2億円以上の資金を集め、自身の活動を記録した映画「シリウス」を制作している。

※③**画像の出典**……229、230ページの画像ともSteven M. Greer「Atacama Humanoid」より。

※④**近い将来、発表される見込み**……2018年3月にDNA分析の結果が論文で発表された。論文によれば、アタには成長に関わる7つの遺伝子で珍しい疾患があり、それが原因で骨の異常な成長な

どが起こったと考えられるという。またアタは胎児で、最終的に性別は男性ではなく女性だったとしている。ただし、この論文発表後、別の研究者たちからは疾患説は証拠不十分だという意見も出ている。それらによるとアタは15週の胎児の特徴を備えており、肋骨が10本に見えたのも、頭の変形も、そうした胎児の特徴で説明できるという。

■参考資料：

「SIRIUS」（ビオ・マガジン、２０１４年）

Steven M. Greer「Stanford University Research: Atacama Humanoid Still A Mystery」（ＷＥＢ）

「Professor debunks theories of skeleton's alien origins（The Stanford Daily）」（ＷＥＢ）

Garry Nolan「Chile Specimen Report and Summary」（ＷＥＢ）

Ralph Lachman「signed-Lachman-report」（ＷＥＢ）

Richard Stone「Bizarre 6-Inch Skeleton Shown to Be Human」（ＷＥＢ）

Paolo Viscardi「Atacama 'alien' mystery is no mystery」（ＷＥＢ）

Luis Alfonso Gámez「El feto humano de 'Sirius'（Skeptical Inquirer）」（ＷＥＢ）

Francisco Etxeberria Gabilondo「INFORME MEDICO PERICIAL」（Medicina Legal y Forense – Universidad del País Vasco, 28 de febrero de 2007）

Jeanna Bryner「Alien-Looking Skeleton Poses Medical Mystery（LiveScience」）（ＷＥＢ）

Christie Rizk「Atacama Humanoid Is Human, Researchers Say（Medical Daily）」（ＷＥＢ）

怪奇現象FILE 32

【スペインの海沿いの町で発見された未確認生物の遺体】

海岸に打ち上げられたドラゴンの死骸

伝説

2013年8月、スペイン・アルメリア県ビジャリコスの海岸に、奇妙な物体が打ち上げられた。それは半ば砂に埋もれており、発見者が掘り起こしてみると長さは4メートルほどにも達した。生物の死骸であることはたしかなのだが、奇妙なことに頭部と思われる場所に牛を連想させる一対の角が生えているのである。

このような大型海洋生物は知られておらず、強いて言うなら伝説のドラゴンを連想させる。残念ながら死骸はかなり腐敗が進んでおり、元の形状が分からないほど崩壊していた。未知の生物説を唱える者もいれば、※①リュウグウノツカイ説、巨大タツノオトシゴ説を主張する者も現れたが、詳しく調査されることもなく、衛生上の理由から埋葬された模様である。

もしこれが未確認生物の物であるとすれば、我々の知らぬ深海に未知の怪物が潜んでいる

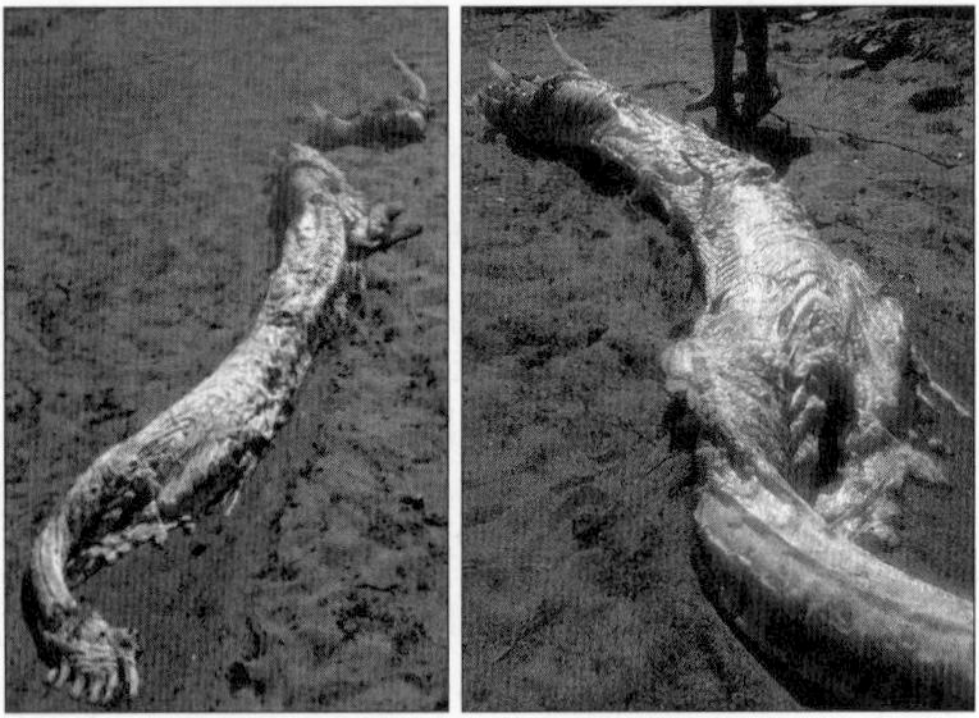

スペインの海岸に打ち上げられた角のある謎の死骸（※②）

という強力な証拠になったのではないだろうか。

真相

確かに写真を見ると、何らかの生き物の死体が海岸に打ち上げられている。

しかもそこそこの大きさがあるようだ。だが、かなり腐敗が進んでいるとみられ、形状もよくわからない。

なるほど、そういった意味では**「正体は謎」**ではあるが、だからといって、これが怪物の死体であるとわざわざ考えなければならない理由もないだろう。

さて、本件の生物は観察してみるといくつかの特徴が見えてくる。

まず尾と思われる部分については、なにやらいくつかの突起が並んだような構造が肉からはみ出している。これは脊椎動物の背骨にみられる棘突起《きょくとっき》の中でも、とりわけ**サメの尾びれ**

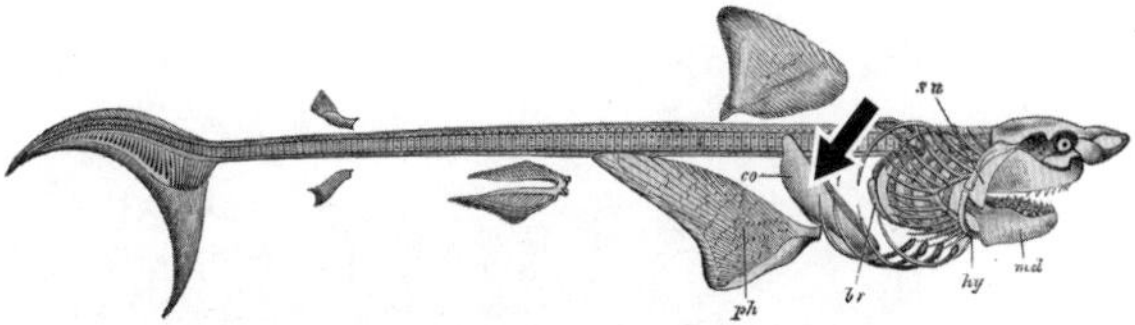

サメの構成図。細い軟骨が並んで尾びれを形づくっていることがわかる。
角に見えたのは、矢印で示した軟骨「肩帯」の可能性が高い。

の骨格に似ている。

サメやエイは軟骨魚類と呼ばれ、※③脊椎まで軟骨で形成されている。サメの尾びれは太い脊椎の骨から軟骨が並んで突き出し、尾の骨格を形づくっている。その部分によく似ているのだ。

　写真の死骸は「※④グロブスター」とは違い、脂肪分が少ないように見える。サメはクジラなどの海棲哺乳類とは違い、**皮下脂肪を分厚く蓄えない**。この点もサメの死骸と考えれば説明がつく。

　さて、この生物の最大の特徴とも言える「角」だが、よく見ると牛のように頭から生えているわけではなく、**大きく破損した体の一部**のようだ。実はサメには、このような形状をした骨がある。

　サメには胸びれが付着する「肩帯《けんたい》」と呼ばれる、軟骨で構成されたU字型の構造がある。これが胸の部分に収まっていることで、内側から胸びれを支えているのだ。この生

同じく謎の漂着物とされる「グロブスター」。正体はクジラの死骸から剥離した脂肪の塊であることが多い。

物の体の損壊具合から考えて、骨格が露出していることも十分考えられるし、写真にもヒレのような物が映り込んでいる。本当であれば、この生物の死骸を徹底的に分析するのが望ましいが、残された写真からその正体を推測した場合、**「サメの腐乱死体である」**という結論が妥当であるように思われる。

なお、この手の「漂着した怪物」を発見した場合、体全体、体の各部の他、**できれば頭骨の写真を重点的に撮影していただきたい**。アゴ全体と歯（歯列）を複数の角度から写しているとなお望ましい。腐乱して怪物のような見た目になった死骸でも、**専門家が歯列をみれば一目で正体が分かる**場合もあるのだ。

（横山雅司）

■注釈：

※①**リュウグウノツカイ**……アカマンボウ目リュウグウノツカイ科に属する深海魚。世界中の海に棲息しているが、生態については謎が多い。体は薄く細長く、最大で10メートルを超える個体もいる。

※②**画像の出典**……スペイン・アルメリアの新聞「IDEAL」のサイトより。

※③**脊椎まで軟骨で形成**……サメやエイなどの板鰓類（ばんさいるい）の骨格が他の魚と異なるのは、魚類の歴史の初期の段階で、後に現生硬骨魚類（サメやエイとは違って硬い骨の骨格を持つ魚）となるグループから別れて進化してきたためである。

※④**グロブスター**……ときおり海岸に漂着する、ぶよぶよとした肉の塊。サイズは様々だが、大きなものになると10メートルを超える。名付け親は、「オーパーツ」という造語をつくったアメリカの動物学者・アイヴァン・アンダーソン。

■**参考資料：**

IDEAL「Una 'extraña criatura' sorprende a los bañistas de Villaricos」（WEB）

怪奇現象FILE 33

【イングランド最大の湖に出現した新しいネッシー】

ウィンダミア湖の怪獣「ボウネッシー」

伝説

2014年、イギリスはカンブリア州にあるウィンダミア湖※①において、写真家のエリー・ウィリアムズが奇妙な生物の写真を撮影した。

エリーは湖の美しい風景を撮影しようと、センサー付きの自動撮影カメラを設置。翌日、記録された写真を確認したところ、背中にコブを持つ首の長い生物が写り込んでいたのである。

実はウィンダミア湖では、2006年頃から怪物の目撃談が相次いでいる。2011年には、湖面を移動する「4つのコブ」が写真に収められたこともあった。

この怪物は、ネス湖の怪獣ネッシーにならい「ボウネッシー」と呼ばれている。

ウィンダミア湖はネス湖から300キロほどの距離にあり、同種の生物が生息している可能性もないとは言い切れない。

はたして、ウィンダミア湖にはどのような怪物が潜んでいるのであろうか。

エリー・ウィリアムズが撮影したボウネッシー（※②）

真相

この「ボウネッシー」の写真について、現在（2020年5月）ではトリックである明確な証拠は出ていない。そういった意味では**「ニセモノであるという証拠はない」**ということはできるだろう。

ただし、2011年に撮影された「水面を移動する4つのコブ」の写真については、「デイリー・メール・オンライン」が**「切り開かれて4つのコブのようになったタイヤ」**が湖で発見された、と写真付きで報じている。

当然のことではあるが「偽物であるという証拠はない」と1000回言ってみても「本物であるとい

う証拠」がなければ実在することにはならない。これは湖の怪獣の本家本元であるネッシーも同じことで、話題になりはじめてもう80年以上も経つのに、ろくな証拠がないのである。

ウィンダミア湖のボウネッシーも、状況がネッシーに似てきている。「ボウネッシー」という愛称も、元々はウィンダミア湖の周辺で中心地となる町が**ボウネス・オン・ウィンダミア**と呼ばれるところからきている。ボウネス・オン・ウィンダミアは、日本ではピーターラビットで知られる湖水地方にあり、イギリスの一大観光地である。湖を船で周遊するレイククルーズも人気であり、こういうところもネス湖によく似ている。

ネス湖もレイククルーズが人気の一大観光地で、観光客が大勢やってくる。水鳥が水面を泳ぐ際に残す波紋を怪獣と見間違えるような些細な誤認も増え、伝説は膨張するが実体は意外と地味という状況が続いている。生涯をかけてネス湖を監視していたというネッシー研究家の※③スティーブ・フェルサムも2015年7月に**「ネッシーの正体は大ナマズ（※④ヨーロッパオオナマズ）である」**といういささか地味な説を公表している。

さて、科学的にボウネッシーを分析した場合、やはりネッシーと似たような疑問点が浮かび上がる。

ウィンダミア湖は、ネス湖と同様に、氷河時代に形成された地形に水が溜まってできた氷河湖である。その歴史は**1万数千年程度で地質学的に言えば非常に新しい**。一般的な生物学

2011年にウィンダミア湖で撮影された「4つのコブ」。後にデイリー・メールがその正体は切り開かれたタイヤ（右）であったことをつきとめた（※⑤）

では首長竜は、**6600万年前の中生代に絶滅**したとされている。1万数千年と6600万年ではあまりに計算が合わない。ボウネッシーの祖先はウィンダミア湖ができるまで、どこで時間を潰していたのか。

百歩譲ってウィンダミア湖に先祖が辿り着いたとしよう。それでもやはり不可解な点はある。首長竜の寿命は詳しくわかっていないが、1万数千年もの間、1匹の個体が生き続けているとは考えられない。当然、その間、**何度も繁殖をし、世代交代を繰り返してきたはず**である。

通常、生物が長期にわたって安定して子孫を残すには、充分な個体数が必要になる。ウィンダミア湖は古くから観光地として人を集めてきたにもかかわらず、最近までボウネッシーの目撃報告はなかった。もし、繁殖ができるほど首長竜が棲息していたら、**とっくの昔に見つかっており、今頃は観光の目玉になっていたことだろう**。

また、撮影された写真が、まるで白鳥のように首をもたげて背中のコブを露出させながら泳いでいるが、このようなポーズをとる意味があるのだろうか。たとえば、オーストラリア周辺には、非常に首が長いナガクビガメの仲間が生息している。より効率よく魚を捕食するための適応らしいのだが、このような種であっても、そのようなポーズはとらない。また、そもそも**首長竜の関節ではそこまで上方向に首は曲がらない**。[※⑥]

ウィンダミア湖のボウネッシーは、同じイギリス国内のネス湖と地理的に近いこともあり、新たなネッシーと言ってもいい。だがそれはいい意味も悪い意味も含んでいる。

いい意味で言えば新たなＵＭＡの誕生といえるし、悪い意味でいえば同じことのくり返しなのである。

（横山雅司）

■**注釈：**

※①**ウィンダミア湖**……イングランド北部にある同国最大の湖。長さは18キロ、幅1・5キロ、最深部は約67メートル。周辺は国立公園に指定されている。

※②**写真の出典**……「Is this the Loch Ness mon-ster? Creature photographed in lake - 150 miles from home」より。

※③**スティーブ・フェルサム**（１９６３〜）……ネッシーハンター。イギリス南部の街、ドーセット出身。

ネッシーを発見するという幼い頃の夢を実現するため、1991年に自宅を売却。トレーラーハウスを購入し、ネス湖の湖畔に滞在。24年もの間、24時間体制で観察を続けており、その活動は「世界で一番長くネッシーを継続観察している」として、ギネス記録に認定されている。

※④**ヨーロッパオオナマズ**……ヨーロッパやバルト海、カスピ海などの淡水域、汽水域に棲息する大型のナマズ。最大で4メートル近くまで成長するとされる。

※⑤**画像の出典**……左：The Telegraph「New photo of 'English Nessie' hailed as best yet」、右：Mail Online「A hump-backed hoax: Was the 'monster' spotted gliding through Lake Win-dermere no more than an old tyre?」より。

※⑥**首長竜の関節ではそこまで上方向に首は曲がらない**……首長竜の首の骨は、背中側の棘突起とよばれる出っ張りがぶつかるため一つ一つの関節の動きが制限されるうえ、首自体が重く、キリンのように首全体を持ち上げる筋肉とその筋肉を支える骨格構造になっていない。そのため、特に水面上ではせいぜい少し持ち上げる程度しかできないと考えられる。ただし横方向には比較的柔軟に動いたとみられ、水中では捕食に大いに役立ったようだ。

■参考資料：

「ネッシータイプか⁉　英国、ウィンダミア湖に現れた謎のモンスター、ボウネッシー（カラパイア）」（ＷＥＢ）
「Is this the Loch Ness monster? Creature photographed in lake - 150 miles from home（Mirror）」（ＷＥＢ）
「New photo of 'English Ne-ssie' hailed as best yet（Telegraph）」（ＷＥＢ）

怪奇現象FILE 34

【インターネットを騒がせた驚きの珍説・珍発見】

超巨大アナコンダとタコ宇宙起源説

伝説

２０１５年の夏、ツイッターをはじめとするＳＮＳで衝撃的な写真が拡散した。巨大なヘビの死骸と思われる物のまわりに、人々が集まってきている画像である。

いくつかの海外ニュースサイトにも「捕まった巨大アナコンダ」として同じ画像が掲載された。体の模様や体型から、アマゾンに生息するオオアナコンダ[※①]であることは間違いない。オオアナコンダは「世界一重いヘビ」ともよばれ、全長は8メートルを超えることもあるという。しかし今回のヘビはさらに常識を超えた巨大さであり、この事件が事実だとすれば、生物学の常識が書き換えられることになるだろう。

また同じ夏、科学誌「ネイチャー」誌に驚くべき研究成果が掲載された。「タコの全遺伝情報を解析した結果、地球外生物だと判明した」というのである。

【左】ネットで拡散した巨大アナコンダの写真
【下】合成元になったアナコンダの写真（※③）

あまりにも常識はずれな発表だが、現実にネイチャーには当該論文が掲載されている。
2015年の夏は、我々の常識が崩れ去る転機になるのだろうか。

真相

●巨大アナコンダの写真は本物!?

結論から言ってしまうと、**アナコンダの画像は単なる合成写真**である。

まあ、ヘビと人物や背景の境目が半透明にぼやけていたりして、合成写真としてもさほどクオリティの高い物ではないので、怪しんだ人は多いのではないだろうか。

[※②]アナコンダの元写真も判明している。元々は砂の上を這うアナコンダの写真で、それを左右反転し、画面

に合わせるように少し縦に細く加工してある。

合成写真の方は日本のツイッターで話題になる1週間ほど前には、すでにＹｏｕＴｕｂｅで同じ画像を使った動画がアップされていた。この写真を考察した海外サイトでも２０１５年夏には取り上げていたので、おそらくその頃からネットで話題になり始めたのだろう。

ちなみに６０００万年前ほど（恐竜時代が終わった後である）にティタノボアと命名された10メートルを超える大蛇が生息していたことが判明している。ただし背骨の一部などが発見されたのみであり、正確な大きさなどはわかっていない。

●タコは地球外生命体!?

まあ、そんなわけはない。単にタコのゲノム解読に参加したクリフトン・ラグスデール博士が、タコが軟体動物の中で群を抜いて特異な存在であるため、**「エイリアンのような存在」**[※④]**と例えた**、ただそれだけの話である。

しかし、ニュースが拡散していくうちに**「タコがエイリアン」**という妙な話になっていく。実は以前、**「チワワはネズミである」**という妙な話がネット上に拡散したことがある。超小型犬として知られるチワワは、実は犬っぽく品種改良されたネズミだった！　というシュールなニュースである。

当たり前だが、動物学者は大きいか小さいかで動物の種類を見分けているわけではない。このニュース自体、そもそもは**ジョーク記事**だった。

しかし、(動物の専門知識を持たない)人々の間でそこそこの説得力を持って拡散していったのである。タコの場合も、この時と同じような展開を見せていた。もっとも、そもそもの論拠が科学者の軽いジョークにすぎないことや、発表された内容が高度で専門的だったため、話が膨らまず**本格的なオカルトネタとして発展するのは難しそう**な気配だ。※⑤

このようにネット上においては、まことに奇々怪々な動物の噂が乱れ飛んでいる。

そのようなモノに騙されて踊らされないように注意したいと思う一方、世界中の人々が、ほとんど時間差を感じずに同じネタに大騒ぎしているという現代のネット社会に、ある種の感慨をも抱いてしまうのである。

(横山雅司)

■**注釈：**

※①**オオアナコンダ**……南米大陸のアマゾン川流域に棲息する世界最大級のヘビ。日本にもペットとして輸入されることがあるが、大きくなりすぎるため、飼育はきわめて困難だとされる。

※②**アナコンダの元写真も判明している**……合成元の写真の出所は残念ながら追い切れなかったが、

追い切れないほど多く転載された写真であり「Green Anaconda」（オオアナコンダの英名）で画像検索すれば大概引っかかる。おそらく単純に、画像検索で出てきた写真を元に合成写真をつくったのだろう。

※③**画像の出典**……左画像：「Encontrada sucuri de 50 metros na Amazônia」、下画像：「World Most Amazi-ng Things」より。

※④**エイリアンのような存在**……元々は英国の動物学者マーティン・ウェルズがタコをエイリアンだと例えたのを引用しての発言だったようだ。

※⑤**発展するのは難しそうな気配**……これに近いオカルトネタに「昆虫は宇宙からきた」というものがある。昆虫宇宙起源説は、「巨石文明がどうやってつくられたのかわからない。そうだ！　宇宙人の仕業だ！」というのと同じ、わからないことはとりあえず宇宙まかせという珍説にすぎないが、それなりの人気を集めた。場合によっては「タコ宇宙起源説」も今後盛り上がる可能性はある。

■**参考資料**：
「タコの全遺伝情報、ついに解読される‼　科学者が暴露『エイリアンかもしれない』（TOCANA）」（WEB）
「タコのゲノムを解読する　OIST沖縄科学技術大学大学院」（WEB）

【第五章】

歴史を変える大発見!?

「超古代文明」の真相

怪奇現象FILE 35

【中東に眠る伝説の小人族と古代都市遺跡】

ドワーフの都市マクハニックは実在する？

伝説

2005年8月、イラン・ケルマーン州の都市シャダッド近くの遺跡で小さな人間のミイラが発見された。このミイラの身長は約25センチ。法医学検査の結果によると、16～17歳で亡くなった若者だという。

普通に考えれば、その年齢で身長がわずか25センチなどということはあり得ない。

しかし発見現場となった遺跡内では、ミイラの他に、高さ80センチの壁や小さな通路、かまど、出入り口などが次々に発掘されている。しかもこれらは、現地で「小人の都市＝マクハニック」と呼ばれる区画を発掘中に発見されたものだった。

実はイランでは、古くから小人族「ドワーフ」の伝説が語り継がれており、彼らが住んでいた都市こそ、今回のマクハニックだったのではないかと考えられている。

なにより、発掘されたものはどれも小さく、普通の人間では使うことができない。つまり、発見されたミイラこそはドワーフであり、マクハニックは彼らが住む古代都市だった可能性が高いのである。

【伝説】で「ドワーフの遺跡」とされているマクハニック（※①）

真相

マクハニックとミイラについては、複数の写真が撮られている。すべてがデッチ上げということはなさそうだ。小人の都市は実在するのか？　興味を惹かれる事例である。

そこで調べてみたところ、興味深いことがわかった。**マクハニックと呼ばれる場所自体は実在していた**のである。ただし遺跡とは別のところにあった。

どういうことか。まず遺跡はイランのケルマーン州にある。一方、マクハニックは同州の隣の南ホラーサーン州にあり、実在する村である。この村には**特異**

な人々が住んでおり、それが**【伝説】**のきっかけになったのだった。

●小人の村と呼ばれる実在のマクハニック

マクハニックの村に住む特異な人々とは、身長が1メートルほどの**低身長の人々**のことである。彼らは大人であっても驚くほど背が低い。旅行者たちの間では、ガリバー旅行記に出てくる小人の国「リリパット」にちなんで、**「リリパティアンズ」**と呼ばれているという。

彼らが低身長である理由については、遺伝的なものや栄養面などの問題が考えられている。しかし長らく文明社会と距離を取り、言語もペルシャ語の特別な方言を話すなど、外部とのコミュニケーションがあまり取られてこなかったこともあり、まだ、はっきりしたことはよくわかっていない。

とはいえ、近年、イランの医療保健担当官が、村人の平均身長を上げるため、妊婦に栄養補給のためのサプリメントを処方したり、赤ん坊に点滴薬を処方したりした結果、子どもたちの身長は従来に比べ徐々に伸びてきているという。

●マクハニックの住居

村には、現在、およそ120世帯、600人が住んでいる。よくマクハニックの「遺跡」

として紹介されている写真の多くは、**実際には今も人々が住んでいる村の住居**である。家は石と泥の壁で造られており、天井は低木で覆われている。家の高さは2メートル以下。広さは6～9畳ほどで、入口の高さは1メートルもない。入口より身長が高い場合は、しゃがんで入るという。家の中では基本的に立たないそうだ。

ちなみに、もともと彼らは近くの山で洞窟のような穴を掘って暮らしていたものの、いつからか現在のような小屋を建てるようになり、親族同士が集まってひとつの区画を形成するようになったという。

実際は遺跡ではなく、いまでも人が住んでいる。左写真は住居の入り口。右写真は一般的な身長の人間と比べたところ（※②）

●シャダッド近くの遺跡

一方で、シャダッドの近くにある遺跡については、先に述べたようにマクハニックの村とはまったく別の場所にある。こちらはイランのケルマーン州に広がるルート砂漠の西側に存在している。

遺跡が発見されたのは1946年。テヘラン大学

シャダッド近くの遺跡。現在は観光客が訪れることも可能（※③）

の地理学部が古い陶器類を発掘したことがきっかけだった。その後の考古学者たちの研究によれば、遺跡の年代は紀元前4000年の終わりから紀元前3000年の初め頃だと考えられるという。

遺跡ではこれまでに、陶器や住居跡、800以上にも及ぶ墓などが発掘されている。通路や壁、出入り口は小さかったと言われているものの、はっきりしているのは壁の高さだけのようだ。壁については高さが80センチしかないと言われているが、発掘チームの主任ミラベディン・カボリによると、**もとは190センチの高さがあった**のだという。

現地の考古学者たちは、**遺跡が小人の都市だった可能性はないとしている**。

次に、シャダッドの遺跡で発見されたというミイラについては、イラン文化遺産観光協会の人類学者、ファルザド・フォロウザンファルが調査している。その調査結果によれば、**「現地の気象条件と埋葬方法による自然のプロセスによっ**

てミイラ化した未熟児」だったという。年代はおそらく400年前頃のサファヴィー朝時代ではないかと考えられている。

●まとめ

さて、以上のように、今回の【伝説】は、低身長の人々が住むマクハニック村の話がベースとなり、それに遺跡とミイラが加わることで、「伝説のドワーフとその古代都市マクハニック」の話へと発展していった。

今回、知的探究心を刺激されたのは、一般にはほとんど知られていないマクハニック村のことを知ったことである。筆者（本城）は、今回調べるまで、イランにこのような村があることをまったく知らなかった。話だけだったら、にわかに信じられなかったかもしれない。しかしマクハニック村については、近年、旅行者やフォト・ジャーナリストらによる写真が撮られており、遠く離れた日本でも、その様子を垣間見ることができるようになった。

彼らは、残念ながら伝説のドワーフではなかった。けれども、彼らは伝説の中に生きるのではなく、今、私たちと同じこの時代の中を生きている。ドワーフと古代都市マクハニックはなくとも、**世にも小さな異国の人々と現代のマクハニックは実在しているの**である。

（本城達也）

■注釈：

※①画像の出典……「گزارش تصویری روستای کوتوله ها ماخونیک 2」より。

※②画像の出典……写真左：「گزارش تصویری روستای کوتوله ها.ماخونیک 3」、写真右：「گزارش تصویری روستای کوتوله ها ماخونیک 2」より。

※③画像の出典……「Shahdad historical city」より。

■参考資料：

並木伸一郎「伝説の小人族ドワーフの古代遺跡『マクハニック』を発見!!」『ムー』（学研、２０１４年10月号）

Mohammad Reza M. Karimi「Ancient City of Dwarfs（Iran Daily）」（ＷＥＢ）

「Makhunik, Iran's isolated Lilliput（MEHR NEWS AGENCY）」（ＷＥＢ）

「Shahdad historical city（MEHR NEWS AGENCY）」（ＷＥＢ）

「'Gulliver's experience' can come true in Iran's dwarf city（PRESSTV）」（ＷＥＢ）

April Holloway「Is Makhunik an Ancient City of Little People?」『EPOCH TIMES』（ＷＥＢ）

Ehsan kamali「گزارش تصویری روستای کوتوله ها ماخونیک 1-3」（ＷＥＢ）

「Kerman Dwarf Turned out Premature Baby（Payvand Iran News）」（WEB）

怪奇現象FILE 36

【世界中のメディアが報じた正体不明の怪奇現象】

マンチェスター博物館の動くエジプト像

伝説

2013年6月、英国のマンチェスター博物館に展示されていた古代エジプトの彫像が勝手に回転を始めた、と世界中のメディアが一斉に報じた。動いたのは、紀元前1800年頃に作られた、高さ25センチほどのオシリス[※①]の立像。それが急に数週間ほど前から、陳列ケースの中で自ら回転するようになったというのだ。

博物館側は単なるホラ話ではないことの証拠として、展示室に設置した監視カメラで撮影した映像を公表した。数日にわたって撮られたその動画には、像がゆっくりと自ら回転し、180度向きを変える姿がはっきりと映しだされていた。回転しているのはこの彫像だけで、一緒に展示されている他の像に動きは全く見られなかった。

鍵がかかったガラスケースの中で、手も触れずに自らゆっくりと像が回転しだす映像を見て「ファラオの呪い」[※②]とか、霊的な力が働いているのではないか、といった声があがっている。

真相

「回転する彫像の謎が解けた」という報道が、世界のニュースサイトを再び駆け巡ったのは、事件の第一報が報じられてから約5ヶ月後の2013年11月のことだった。

像が自ら回転するという怪奇現象の種明かしは、**周囲から伝わる振動**にあった。博物館を訪れる観光客らが近くを歩きまわる際の振動がガラスケースの中へと伝わり、その微妙な揺れによって像が回転したと結論付けられた。紙でできた力士を土俵に乗せ、その側をトントンと叩くと、あたかも相撲をとっているかのように紙の人形が動きまわる**「紙相撲」と同じような現象**が博物館の展示ケースの中で起きていたのだ。

だが事件発覚から5ヶ月も待たなくても、最初の映像が発表された時点で、この結論はほぼ明らかだった。出所不明の怪しいUFO映像などと違い、博物館が自ら撮影した動画なのでCGやデッチ上げといった可能性はほぼない。となると、**なんらかの物理的原因によって回転していたことは明らか**だった。

それに動画は数日間にわたって撮影されていたが、夜になって博物館が閉鎖されると、像

マンチェスター博物館の彫像（写真奥）。ひとりでに動き出すと話題に（※③）

は常に回転を止めていた。**明るくなってまた周囲を人々が歩き回り始めると回転を始める**ので、日中の人の動きと何らかの関係があることは一目瞭然だった。

実は、博物館の展示品が勝手に「歩き回る」という現象は、博物館業界ではそうレアなことではない。たとえば、米国ノースカロライナ州の博物館「ガストンカウンティ・ミュージアム」のホームページには、展示する際に気をつける点として、「地下鉄や列車や建物などから伝わる通常の振動によって展示物が『歩き回ってしまう』ことがないよう、展示物の底面にはソフトワックスを塗っておくとよい」と書かれている。ツルツルしたガラス面の上に硬い物体をおけば、振動によって位置が少しずつずれていっても不思議はない。

また超常現象懐疑派として、この事件で最も印象深かったことは、事件が公表されてから解決案が出されるまでの期間が異様に短かったということだ。地元の「マンチェスター・イブニングニュース」が、この怪奇事件を報じたのが6月22日。だが

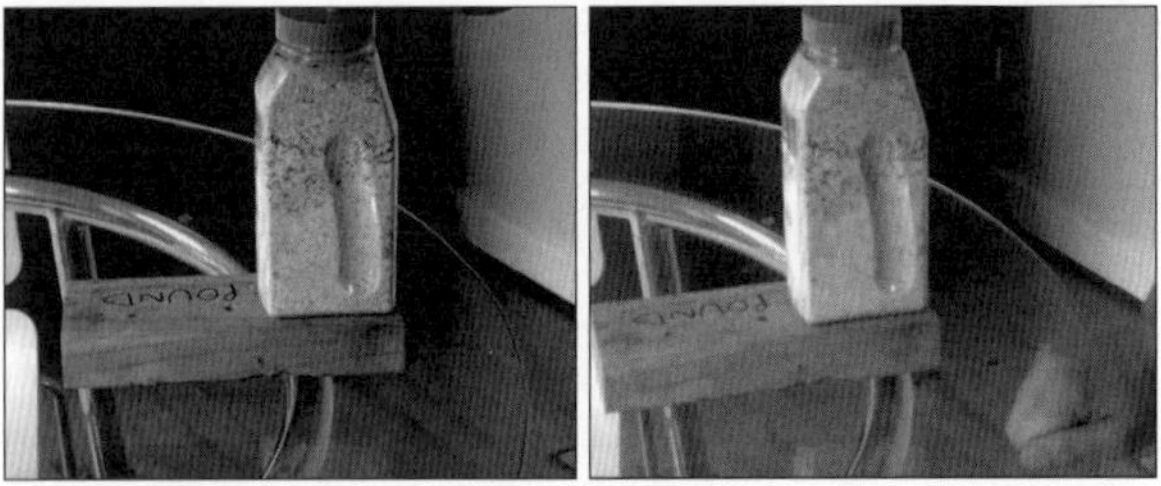

YouTubeの検証動画より。テーブルに振動を与えると彫像が動き出す（※④）

早くも**翌日の23日に「日中の振動によって回転している」という正解を、英国の懐疑主義者がネットにアップ**していた。つまり動く像の謎は、実質1日しかもたなかったのである。ご丁寧にも、簡単な彫像のモデルを作成し、振動を与えると自然に回転するということを実証してみせる動画までがその日のうちにＹｏｕＴｕｂｅに公開されていた。

　ちなみに、日本超心理学会の初代会長を務めた心理学者の※⑤小熊虎之助が大正13年に出版した名著『心霊現象の科学』には、「仏壇に飾られてある前妻の位牌が、一夜を経るといつも後向きに変ってしまうために、後妻はついに心労の結果死亡」してしまった、という逸話が紹介されている。

　こちらも「主人が不思議に思って終夜位牌を観察していたら、**隣家の米搗《つ》きの夜業のその響に応じて位牌が半回転すること**をついに発見した」というのが話しのオチだ。小熊は「落語の材料にされている話」と明かしているものの、振動によって動くはずのないものが動き出し、怪奇現象だと騒ぎ出すという

騒動は英国の博物館に限らず、日本でも昔からあったことのようである。（皆神龍太郎）

■注釈：

※①**オシリスの立像**……オシリスは古代エジプト神話に登場する神。この立像はエジプトの陵墓で１９３３年にミイラと共に発見され、80年ほど前からこの博物館に所蔵されていた。

※②**ファラオの呪い**……１９２２年にエジプト王家の谷で、ツタンカーメンの墓の入り口を発見したハワード・カーターの考古学調査隊が呪いによって次々と不審死を遂げたというもの。実際には発掘に関わった人々が早死したという事実はない。

※③**画像の出典**……「Video: The curse of the sp-inning statue at Manchester Museum」より。

※④**画像の出典**……「Rotating Statue Debunked」より。

※⑤**小熊虎之助**（１８８８〜１９７８）……超心理学者。68年に日本超心理学会が創設されると初代会長に就任、心霊現象の科学的解明に取り組んだ。主な著書に『夢の心理』などがある。

■参考資料：

「Video: The curse of the spinning statue at Manchester Museum」（ＷＥＢ）
「Solved: Mystery of the ancient spinning statue at Manchester Museum-with video」（ＷＥＢ）
Mick West「Debunked: Ancient Egyptian Statue Rotating by Itself in Manchester Museum」（ＷＥＢ）
「Rotating Statue Debunked（YouTube）」（ＷＥＢ）

怪奇現象FILE37

【古代シュメール人は高度な天文知識を持っていた？】

太陽系を司る!?「ニネヴェ定数」の謎

伝説

1849年、イギリス人考古学者[※①]オースティン・ヘンリー・レイヤードは、古代メソポタミアの都市ニネヴェ[※②]の遺跡から2万2000枚の粘土板を発見した。これは紀元前4000年～2000年にかけてこの地域に住んでいたシュメール人に起源を持つと考えられることから、「シュメール文書」と呼ばれている。

その粘土板の中に奇妙な1枚があった。そこに刻まれた文字を翻訳してみると、「195兆9552億」という途方もない数になることが分かったのだ。これは何を意味するのか。

この謎を解いたのは、NASAの宇宙工学技師[※③]モーリス・シャトランである。彼はこの数字が、1日の秒数（8万6400秒）で割り切れ、22億6800万日（約620万年）とい

大英博物館所蔵のニネヴェ遺跡のレリーフ（©M.chohan）

うきりのいい数字になることに気づいた。

シャトランはさらに計算を進め、この日数が地球の歳差周期（945万日）の正確に240倍であることや、**太陽系内のすべての天体の周期の正確な倍数になっている**ことも発見した。

「いままでのところ、惑星、彗星、衛星の公転、会合周期で、二二億六八〇〇万日というニネヴェ大常数の、少なくとも小数四桁までの、正確な分数でないようなものは、一つも見つかっていない」（モーリス・シャトラン『神々の遺産』[※④] 48～49ページ）

すなわち、太陽系内のすべての天体の周期を掛け合わせたものがニネヴェ定数であり、太陽系は正確に22億6800万日で元の位置に戻るということなのだ。

また、我々の太陽系は恒星シリウスの周りを80万年かけて公転しており、同時に2億2350万年かけて銀河の中心に対して公転している。これはニネヴェ定数の正確に36倍である。銀河系の中を公転している太陽の運動も、ニネヴェ定数に従っているのだ。

真相

この説を唱えたモーリス・シャトランのことを、「ＮＡＳＡの研究者」などと書いているブログや書籍が実に多い。これは間違いである。

問題のニネヴェ定数について紹介している『神々の遺産』は１９７５年の著書だが、シャトランはこの本の中で、自分の経歴を詳しく書いている。それによれば、彼はアポロ計画当時、ノースアメリカン航空のダウニー工場で宇宙通信関係の仕事をしていただけで、ＮＡＳＡに在籍していたことはない。彼を「ＮＡＳＡの研究者」などと紹介している者はみんな、誰かがネットにアップした文章をコピー&ペーストしているだけで、**自分では『神々の遺産』を読んでいない**と考えられる。

この奇妙な数字について最初に言及したのは、考古学者ヘルマン・Ｖ・ヒルプレヒトが１９０６年に出版した『ニップル寺院文書館出土の数学・度量衡・年代の表』という本の中だった。ニップルというのは古代バビロニアの都市。つまりこれは**ニネヴェで出土したもの**

ではなかったのだ。

ニネヴェ定数の信者たちは、粘土板に「195955200000000」という数字が刻まれていたと思っているかもしれないが、それは違う。当時のバビロニア人は60進法を用いていた。1から59までの数字に、それぞれ異なる59種類の文字を割り当てたのだ。

10進法では9までが1桁で、10になると桁が上がる。同様に※⑤60進法では、59までは1桁で、60から桁が上がる。60進法での60は「1」「0」である。3600（＝60^2）だと「1」「0」「0」、21万6000（＝60^3）では「1」「0」「0」「0」になる。

たとえば10進法の10000という数字は、60進法では（2×60^2）＋（46×60）＋（40）なので、「2」「46」「40」と表記される。

厄介なのは、**バビロニアの数学には0という数字が存在しなかった**ことである。0は空白で示された。たとえば4320なら「1」「12」「　」（＝（1

■ バビロニア人の数字の表記法の例

1から59までの数字を59種の文字で表記し、0は空白で表わされる。空白の長さをどう解釈するかで、まったく異なる数になる。

「2」「46」「40」＝$(2\times60^2)+(46\times60)+(40)=10000$

「1」「10」＝$(1\times60)+(10)=70$

「1」「10」「　」＝$(1\times60^2)+(10\times60)=70\times60=4200$

「1」「10」「　」「　」「　」「　」「　」「　」「　」
＝$(1\times60^8)+(10\times60^7)=70\times60^7$
＝195955200000000

$\times 60^2$）＋（12×60）＋（0）」と書いたのだが、当然、空白が見落とされて「1」「12」（＝（1×60）＋（12））と解釈され、72と読み間違えられることがあった。逆に、数字の後の空白が「1」「12」「　」「　」（＝（1×60^3）＋（12×60^2）＋（0×60）＋（0））と解釈され、２５万９２００になることもあっただろう。**バビロニア人の数学は、現代のそれに比べて、かなり不便だった**のだ。

ヒルプレヒトが粘土板のテキストに見つけた数字は「1」「10」、つまり70だった。しかし、このテキストがプラトンの数秘術と関係があると思いこんだ彼は、これを（（1×60^8）＋（10×60^7））＝70×60^7と誤って解釈した。すなわち１９５兆９５５２億である。

つまりニネヴェ定数とは、ニネヴェで見つかったものではなく、70×60^7という単純な数字であるうえ、**そもそも誤訳だった**のである。

●なぜきれいに割り切れるのか？

だが、それで終わっては面白くない。なぜ１９５兆９５５２億という数字が特別な数字に見えるのか、その理由を考えてみよう。

1日の秒数はもちろん60×60×24＝８万６４００秒である。24は60の0・4倍。つまり８万６４００は$0・4\times 60^3$だ。もともと現代の我々が用いている時間の単位は、バビロニア人が考えた60進法が元になっているのだから、60を7回掛けた60^7をきれいに割り切れるのは当たり前なのだ。

ニネヴェ定数を割り切れるのは8万６４００だけではない。70×60^7という数字を因数分解してみると、$2^{15}\times3^7\times5^8\times7$になる。つまり2と3と5と7で割り切れることはもちろん、2を15個まで、3を7個まで、５を８個まで、7を1個まで掛け合わせた数字なら、何でも割り切れることになる。

さらに問題なのは、シャトランの主張にはいくつもの重大なごまかしがあることだ。シャトランは※⑥地球の歳差運動の周期を2万６０００年とし、９４５万日としている。しかし2万６０００年に1年の日数（３６５・２４日）を掛けて万以下の数で四捨五入すると、９５０万日である。また、シャトランの本と同じ時期（１９７６年）に発売された平凡社の『カラー天文百科』では2万５７００年になっている。これが当時の推定値だったのだ。この場合は９３９万日である。

なぜシャトランは「９５０万日」でも「９３９万日」でもなく、「９４５万日」を採用したのか？　因数分解してみれば分かるが、９４５万は$2^4\times3^3\times5^5\times7$である。2と3と5と7の倍数だけから成るので、ニネヴェ定数を割り切れる。しかし９５０万は19を、９３９万は３１３を含むので、これらの素数を含まないニネヴェ定数を割り切れない。

つまりシャトランは、**ニネヴェ定数を割り切るために、**2と3と5と7以外の因数を含まない「945万日」という数字を採用したと考えられる。

またシャトランは、ハレー彗星の周期が2万8000日だと書き、「二二億六八〇〇万日で八万一〇〇〇回転を行なう」と主張している（『神々の遺産』63ページ）。2万8000は$2^5 \times 5^3 \times 7$であり、ニネヴェ定数をきれいに割り切れる。

だが、実際にはハレー彗星の周期は75・3年、つまり2万7500日である。シャトランは**ニネヴェ定数に合わせるために、ハレー彗星の公転周期を500日も長くしたのだ！**

●でたらめなシャトランの主張

惑星や彗星や衛星の公転周期がすべて、ニネヴェ定数を割り切れるというのは本当だろうか？　もしそれが事実なら、なぜシャトランはそれらの数字の一覧表を本に載せなかったのだろう？

それは**シャトランの言葉がまったくデタラメだからである。**実際に『理科年表』を元に、太陽系の惑星の公転周期の日数を求め、それで22億6800万日を割ってみた。結果は左表の通りである。きれいに割り切れた数字はひとつもない。唯一、金星の数字が1000万に近いが、それ以外は何かの近似値ですらない。

現在でもなお、ニネヴェ定数の信奉者は大勢いる。だが、どうやら彼らのうちの誰一人として、こんな簡単な計算をやってみて、シャトランの主張を検証してみようとは思わなかったらしい。

■ 惑星の公転周期でニネヴェ定数を割ると？

	惑星の公転周期	22億6800万日を公転周期で割った数
水星	87.97日	2578万1516
金星	225.70日	1004万8737
地球	365.24日	620万9616
火星	686.97日	330万1454
木星	4332.6日	52万3473
土星	1万639日	21万3177
天王星	3万688日	7万3905
海王星	6万182日	3万7685

●嘘を拡散する信奉者たち

さらに現代のニネヴェ定数の信奉者たちは、シャトランの嘘の上に、新たな嘘をつけ加えている。たとえば太陽系がシリウスの周囲を80万年で公転しているという話である。

そんな事実はない。シリウスと太陽の距離は8・6光年（81兆キロ）、太陽と海王星の距離（45億キロ）の1万8000倍も離れている。シリウスの質量は太陽の約2倍と推測されているが、それでもこの距離だと、シリウスが太陽に及ぼす引力は、太陽が海王星に及ぼす引力の1億6000万分の1にすぎない。天体同士が引力で束縛し合えるような距離ではないのだ。実際には、シリウスと太陽は宇宙の中で別々に運動しており、秒速19キロ（光速の0・00063倍）の相対速度ですれ違いつつあることが分かっている。

太陽が銀河系を一周する周期が2億2350万年というのも間違いだ。2007年から国立天文台が行なってきたVERAプロジェクトによると、我々の太陽は、銀河の中心から2万6100光年（±1600光年）の距離にあり、秒速240キロ（±14キロ）で動いていることが分かっている（カッコ内の数字は測定誤差）。太陽が銀河系内で円運動をしていると仮定して、一周するのにかかる時間を求めると、約2億年である。それ以前には、銀河中心からの距離は2万8000光年前後で、1周には約2億2500万～2億5000万年かかると推測されていた。

測定誤差があることからも分かるように、求められる周期の有効数字は、せいぜい2桁までである。「2億2350万年」などという4桁の有効数字が求められるはずがないのだ。「2億2350万年」というのは天文学者の発表したものではなく、**誰かがニネヴェ定数の36倍になるようにでっち上げた数字**である。

（山本弘）

■注釈：

※①**オースティン・ヘンリー・レイヤード**（1817～1894）……イギリスの考古学者、美術史家、

政治家。ニネヴェやニムロドの発掘を行った。

※②**ニネヴェ**……メソポタミア北部にあった古代都市。紀元前7000年頃から人が住んでいた。紀元前705年、アッシリア帝国の首都になる。

※③**モーリス・シャトラン**（1909〜?）……フランス生まれ。1955年にアメリカに移住し、ノースアメリカンなどの航空機メーカーに電子技術者として勤務。1972年から航空機業界を退き、UFO、超古代文明、ノストラダムスなどに関する著書を執筆する。

※④**『神々の遺産』**……原題は『Nos ancêtres venus du cosmos（我々の祖先は宇宙から来た）』。日本では1979年に角川文庫から出版。この本の中では「ニネヴェの常数」と訳されている。

※⑤**60進法**……我々も普段、時間の表記に60進法を用いている。60秒で1分になり、60分で1時間になる。

※⑥**地球の歳差運動**……地球は自転しながら、コマのようにゆっくりと首を振っている。これが歳差運動である。詳しくは『検証　予言はどこまで当たるのか』（文芸社）の18ページを参照。

■参考資料：

モーリス・シャトラン『神々の遺産』（角川文庫、1979年）
モーリス・シャトラン『ノストラダムスの極秘暗号』（廣済堂、1998年）
O・ノイゲバウアー『古代の精密科学』（恒星社厚生閣、1984年）
『理科年表』（丸善）
本間希樹「天の川銀河系の精密測量が明かすダークマターの存在量（国立天文台ニュース）」（WEB）

怪奇現象 FILE 38

【5200年前のミイラの怨念が人々を死に導く…】

死の連鎖が続く「アイスマンの呪い」

伝説

1991年9月19日、イタリアとオーストリアの国境に位置する標高3200メートルのアルプスにあるエッツ渓谷で「アイスマン（通称：エッツィ）」[※①]と呼ばれる男性の氷漬けミイラが発見された。このアイスマンを発見した人々が、次々と亡くなっていて、まるでツタンカーメン王の呪いのようだと言われている。

まず、アイスマンの研究をしていた法医学者のライナー・ヘンが発表のために学会に向かう途中で事故死。続いてアイスマンをヘリで輸送した山岳ガイドのカート・フリッツが数人で登山中、1人だけ雪崩に巻き込まれて死亡。アイスマンの修復作業の撮影を許可されたジャーナリストのレイナー・ホルツは脳腫瘍で落命し、第一発見者のヘルムート・シモンが発見場所のエッツタール渓谷で死亡。そして、シモンの遺体を発見した山岳救助隊隊員ディーター・ワルネッケが葬儀の1時間後に心臓発作で死亡。さらに、エッツィ調査チーム責任者コンラート・シュピンドラーが合併症で亡くなり、考古学者トム・ロイがアイスマンに関する本を書き終える直前で死亡するなど、関係者7人が次々と命を落としているのである。

この事件は2006年1月12日付けの朝日新聞でも報道された。大新聞がこうした事件を報じることは珍しいが、この死の連鎖が真実であることは間違いないのだろう。その後さらに関係者が死亡したとの報道はないが、これで呪いが終わったかどうかは不明である。

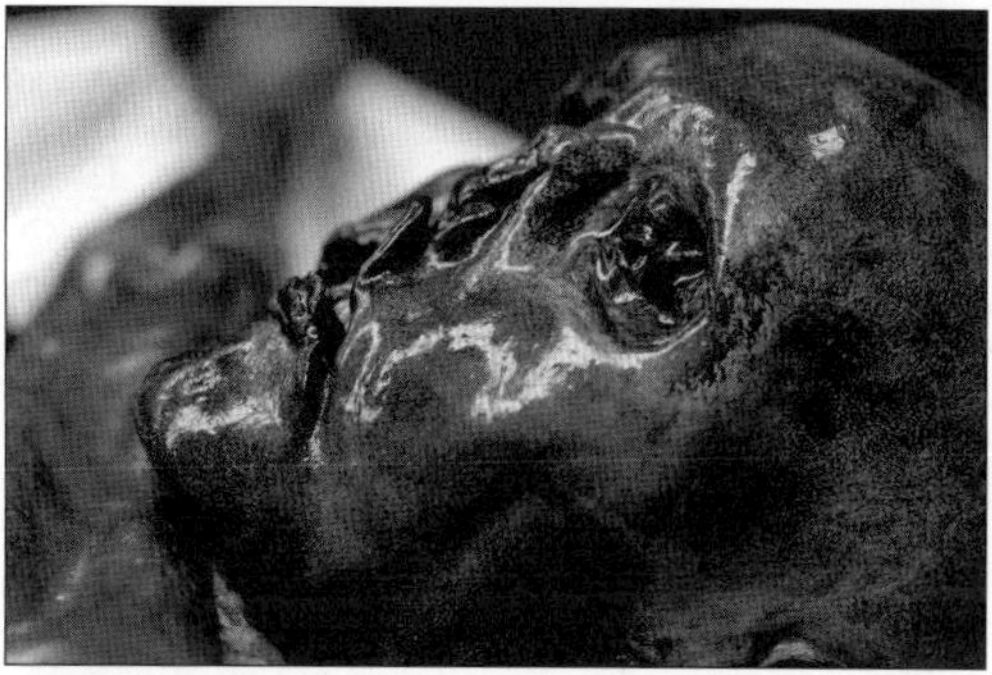

5200年前の凍結ミイラ「アイスマン」。近年の研究では凍死ではなく矢を受けたことによる失血死だったとされている（※②）

真相

2015年11月現在、エッツィが保管されている南チロル考古学博物館は、アイスマンの呪いについて次のように述べている。

「アイスマンの研究には数百人の人々が関わっている。発見からも長いときが経っていて、数人が亡くなったとしても驚くようなことではない」

まったくその通りで、それ以上でもそれ以下でもない。

2005年に6人目の犠牲者として報じられた考古学者のシュピンドラー博士は、1995年に出版した『The Man In the Ice』※③でエッツィ発見の経過を詳しく書いている。

当初、エッツィは遭難者の遺体と思われていたため、インスブルック大学の法医学研究所に運び込まれた。エッツィを見て新石器時代末期か青銅器時代初期のものだと判断したシュピンドラー博士は、研究員に※④現場に出入りした人々を調査記録するように命じた。

調査によれば、**発見から19人がエッツィの元を訪れている**。その19人のうち、13年間に死亡した「犠牲者」は次の通りである。

・法医学者のライナー・ヘン（64歳）
・山岳ガイドのカート・フリッツ（52歳）
・カメラマンのレイナー・ホルツ（47歳）
・発見者のヘルムート・シモン（67歳）

リストには、エッツィ発見時にシモンと行動をともにしていた妻のエリカ、警察への通報や現場への案内、エッツィの保護を一手に引き受けたマルクス・ピルパマー、彼を助けた父や助手たち、証拠としてエッツィの斧を持ち去った警察官など、発見時に深く関わった人々がいたが、彼らは死亡していなかった。

エッツィの呪いの話がまとまった形でメディアに現れるのは、２００４年に4番目の犠牲者とされる、ヘルムート・シモンが遭難死したときである。※⑤

２００５年にコンラード・シュピンドラー博士（66歳）が多発性硬化症の合併症で亡くなると、ドイツの新聞はもとより、英語紙のガーディアン、インディペンデントなどが「犠牲者」カウントに入れる形で報じた。続いて11月にオーストリアの考古学者トム・ロイ（63歳）が亡くなったときには、オーストリアの新聞だけではなく、ＢＢＣまで取り上げた。そして**朝日新聞をはじめとする世界中の新聞に記事が載った**というわけである。

エッツィが発見された南チロル地方は、イタリアとオーストリアの国境にあり、歴史的に両国が領有権を争ってきた。当然、エッツィへの両国民の関心は高く、エッツィは長期間、メディアの人気者になった。「アイスマンの呪い」は読者が新しいニュースを求めるなか、メディアがその声に応えるかたちで登場させた話なのである。

もう一度、アイスマンの呪いの犠牲者たちを見てみると、年齢も60代が中心で、**長患いの**

末の病死が多い。ディーター・ワルネッケは死亡時に45歳と比較的若いが、シモンの遺体を発見したというだけでエッツィには直接関わっていない。そうした人物まで含めてしまえば、呪いは際限なく連鎖していくだろう。

気の毒なのは、彼自身の個人情報がハッキリしないために、ただ1人雪崩に巻き込まれたことにされたカート・フリッツだ。フリッツが死亡した本当の原因は**クレバスへの転落**だったが、呪いをもっともらしく思わせるために、話が盛られてしまったのだろう。

2004年のディー・ツァイト紙の記事を書いたマイケル記者は、関係者を訪ねてインタビューするうちに、エッツィの存在が、伝統的な価値観としてある**「死体を冒涜するな」という感情を刺激**して、**罪悪感が呪いの物語を生んだのではないか**と推測している。

シュピンドラーはエッツィの解明には100年かかると予言している。5200年眠っていた男は、これからも思い出したようにメディアに新しい情報を提供してくるだろう。次の情報が呪いの続報ではないことを祈りたい。人間はいずれ何かの形で死ぬのだから。

（ナカイサヤカ）

■**注釈：**

※①**アイスマン**……現在からおよそ5200年前の青銅器時代の人物で、30代から40代で、生存時の

身長は160センチ、体重50キロ、瞳と頭髪は茶色で、肌は白だったと判明している。

※②**画像の出典**……「Konservierter Glücksfall: Ötzi - der Mann aus dem Eis」より。

※③**『The Man In the Ice』**……邦訳の題名は『5000年前の男――解明された凍結ミイラの謎』。1998年に文春文庫から発売されている。

※④**現場に出入りした人々を調査記録**……考古学は遺物と遺跡の原位置を非常に大切にする。犯罪捜査と同じで現場の保存ができていないと貴重な情報が失われたり、解釈を間違うことが多いからだ。

※⑤**呪いに関する報道**……2004年以降の報道記事で確認できたのは2004年12月のガーディアンの記事、同じく2004年のドイツの週刊新聞ディー・ツァイト紙の記事だった。このあたりで呪いの物語が固定化されていく。シモンは「実は4人目だった」とカウントを始めたのもこの頃からしい。

■参考資料：

コンラート・シュピンドラー『5000年前の男――解明された凍結ミイラの謎』（文藝春秋、1994年）
「Ötzi, l'Uomo venuto dal ghiaccio（iceman.it）」（WEB）
「Scientist seen as latest 'victim' of Iceman（The Guardian）」（WEB）
「Is There a Curse of Ötzi?」（WEB　※現在リンク切れ）
「Ötzi - ein unheimlicher Fluch?」（WEB）
ZEIT ONLINE「Der Fluch des Ötzi」（WEB）

怪奇現象 FILE 39

【発見前の南極大陸が描かれた不思議な地球儀】

「聖徳太子の地球儀」はオーパーツか？

伝説

聖徳太子開基を伝える斑鳩寺※①には、ソフトボール大の地球儀が伝わっている。「地中石」あるいは「地利石」と呼ばれているという。石には由来書も寺伝も伝わっていないため突厥※②で造られ西突厥《にしとっけつ》王であった達頭可汗《たつとうかがん》（聖徳太子）が601年に日本（斑鳩寺）に持参したとか、16〜18世紀の交易品ではないかなどさまざまな憶測を呼んできた。

それが近年、地球儀表面には南極大陸や太平洋のど真ん中に3分割された大きな島が造形されており、現在の地形とは明らかに異なっていることが判明。南極大陸は19世紀に入ってからの発見であり、太平洋の島は1万2000年前に沈んだムー大陸※③を示しているのではないかとも推測できるため、聖徳太子時代どころかオーパーツなのではないかとにわかに注目されているのである。

南極大陸が描かれているという聖徳太子の地球儀（写真：原田実）

真相

●斑鳩寺の記録に見える「地中石」と「地利石」

斑鳩寺は天文《てんぶん》10（1541）年4月7日に火災に遭っている。寺の内部史料である『斑鳩寺記録』には「夜丑刻《うしのこく》（午前4時ころ）諸堂悉《ことごとく》炎上」とあって、**全焼だったことがわかる。**もし、聖徳太子時代やそれ以前に遡る「寺宝」を所蔵していたとしても、**この時すべてが焼けてしまった**と思われる。

『斑鳩寺記録』には寺の建物の修理などとともに、寺宝の寄進や修補の記録も多くみられるものの、最終記録になる安永2（1773）年までの分には〈聖徳太子の地球儀〉（以下〈地球儀〉と略記）は登場しない。

それらしい記録が現れるのは、安政3（1856）年4月に書き上げられた『斑鳩寺常什物帳《じょうじゅうもつちょう》』においてである。「宝物諸目録」部分に、**「地中石**※④**　唐物箱入　壱」**との記載がある。

ところで、『斑鳩寺常什物帳』を遡ること約40年。文化15（1818）年に記された『聖《しょう》徳皇太子《とくこうたいし》御忌日記《おんきにっき》』には、**「地利石」**との記載も存在する。これは同年2月22日から4月16日まで行われた寺外での開帳（展示）記録であるが、もし、両者が同じ〈地球儀〉を指すのであれば、**1818年には存在していた**ことになる。

●〈地球儀〉の表面情報を読み解く

〈地球儀〉そのものに着目すると、表面には国名・地名が書かれていたと想像される四角形の紙片の剥離跡が多く見出せる。わずかではあるが残存するものからは、「□國」（シベリア東部）・「日本」・「食人国」（南米大陸東部）・「長人国」（南米大陸南部）・「西南海」（アフリカ南方）・「寒河」（北米東北岸）・「墨瓦□□□」（南極大陸）などが読み取れる。こうした表面上の残存地（国）名から想起されるのは、この〈地球儀〉の地理観が※⑤**マテオ・リッチ系の地図情報に依拠している**ことである。

マテオ・リッチとはイタリア出身の宣教師で、中国でキリスト教を弘《ひろ》め、明《みん》朝に仕えた人である。リッチは、晩年の1602（万暦30）年に至って、世界地図を完成、**『坤輿万国全《こんよばんこくぜん》図《ず》』**と題して北京で刊行する。ここではヨーロッパの言葉が中国語に翻訳され、地理情報と

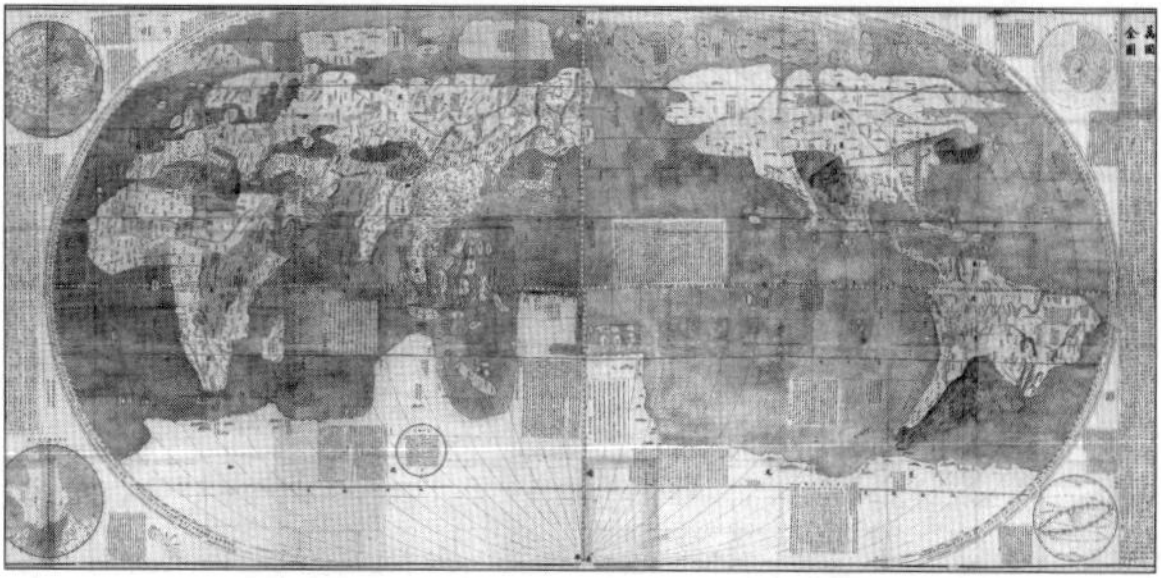

マテオ・リッチが完成させた『坤輿万国全図』

して「地中海」「亜細亜」「日本海」「赤道」などが記入されている。紙片の剥がれる前の〈地球儀〉にはこうした地名などが記されていたと思われる。

　江戸時代の日本における地理情報は『坤輿万国全図』や宣教師による漢文での著作、明の王圻《おうき》による百科事典※⑥『三才図会』、オランダ経由で伝えられたものである。寛永年間（１６２４〜４５年）には幕府の貿易統制策によって、世界地図の最新情報が入りにくくなったこともあり、輸入された『坤輿万国全図』や『三才図会』は日本人の地理観に大きな影響を与えることになる。中国で刊行された翌年の**１６０３（慶長８）年から１６０６年の間には、『坤輿万国全図』は日本に入っていた**と考えられている。

　リッチ時代のヨーロッパにはテラ・アウストラリス・インコグニタ（Terra Australis Incognita= 未知の南方大陸）の伝説があった。マゼラン海峡の発見により、探検家マゼランに因んで「メガラニカ」と呼ばれるようになるが、『坤輿万国全図』ではこれも採用し、**「墨瓦臘泥加」**と漢訳表記された。〈地球儀〉に見える、「墨瓦□□□」の擦れて読めなくなった3文字は「臘泥加」だろう。シベリア東部の記載も『坤輿万国全図』を参照すれば、「狗國」ではなかったかと推測される。

●〈地球儀〉の製作年代

以上の考察から**〈地球儀〉製作の上限は『坤輿万国全図』が輸入された1603年に設定できる**。これは記録上のヨーロッパ製地球儀のわが国への渡来が1582（天正10）年の織田信長、ついで豊臣秀吉へ献上された1590（天正18）年ころであることや、2003年3月2日に日本テレビ系で放映された『特命リサーチ200X』「聖徳太子が残したオーパーツ謎の地球儀の秘密を探れ！」での組成分析とも矛盾しない。化学分析の結果では、**炭酸カルシウム（石灰）と海藻《かいそう》糊を混ぜて作られた漆喰《しっくい》**であったことが判明している。漆喰自体は古墳時代から使用されているが、糊料として海藻を用いることは江戸時代初期頃から行われていただろう。※⑦

したがって、**〈地球儀〉の製作年代は1603～1818年**ということになる。しかも、リッチ系の地図がわが国で流行するのは江戸後期のことであり、『斑鳩寺記録』の途切れる**安永2（1773）年以降である可能性も高い**と思われる。

なお、原田実氏はハドソン湾を示す「寒河」が〈地球儀〉に記載されていることから、1670年のハドソン湾会社設立以降に地理的調査が進み、その知識が日本にもたらされて以降に造られたのではと推測する。事実なら上限をさらに繰り下げることができるが、残念ながら本来のリッチ系の地図にハドソン湾は記載されていない。ハドソン湾のように見えるのは**「哥泥自斯《ユニバス》湖」という架空の淡水湖**であり、**「寒河」は「臥蘭的亜《ゴランデア》大州」にある地名**である。

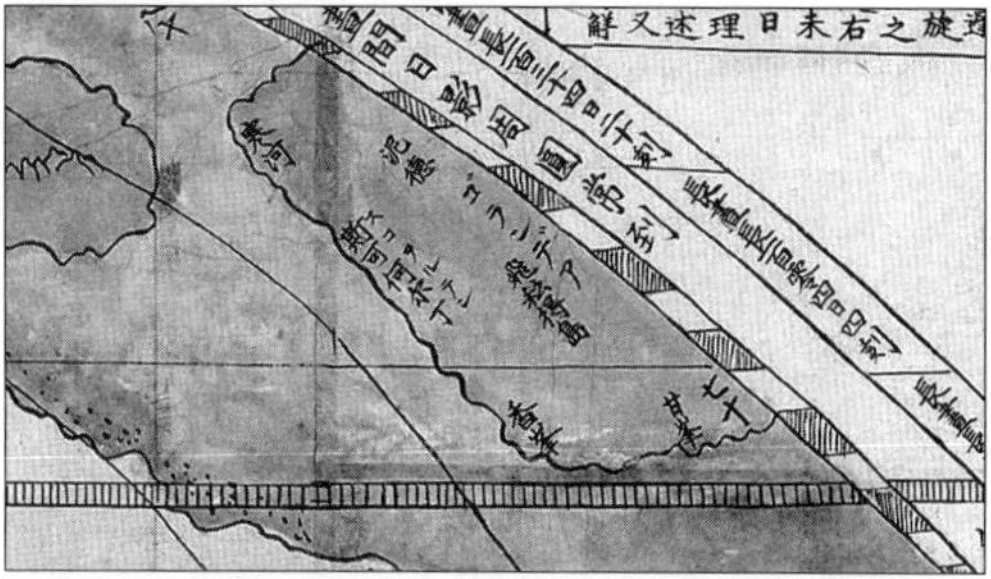

『坤輿万国全図』に描かれた「ゴランデア」。寒河の地名も見える。

臥蘭的亜とは新井白石《あらいはくせき》の『采覧異言《さいらんいげん》』（正徳3〈1713〉年成立）に「臥児狼徳《グリーンランド》〈又《また》、臥蘭的亜に作る〉」とあるように、世界最大の島**グリーンランドを指す漢訳地名**の1つである。『坤輿万国全図』の卵形世界図では、切れ目にかかるため「氷海」（北極海）に浮かぶ島として東西に分割されて描かれている。

それがなぜか〈地球儀〉では、カナダのケベック州あたりに表示されているのだ。平面の卵形世界図を立体の地球儀に移す際には、極地方のゆがみを補正し、グリーンランドを1つに統合して造形しなければならないが、ミスしてしまったのだろうか。〈地球儀〉自体が小さいうえに、素材の漆喰が半乾きの状態での造形では細部が再現できなかったのかもしれない。

もちろん、1926年に初めて唱えられた**「ムー大陸」が描かれているとは考えられない**。場所が似ているだけで、チャーチワード説ではムー大陸は3つに分かれてもいなかった。原田氏は拡大された「ポリネシアの島々」(『聖徳太子の地球儀』の真実』)だと指摘するが、『坤輿万国全図』を観るかぎり日本近海の「小東洋」に描かれる「野島」「一柱島」「雙柱島」3島という可能性もあるし、北米カリフォルニア沖「大東洋」の「別山」以下3島かもしれないなどいくつも想定可能であり、断定は難しいだろう。

〈地球儀〉には誰がなんのために造ったのか、なぜ漆喰製なのか、といった未解明な謎は残るにしても、オーパーツとしなければ理解不能なわけではないことは確かである。

(藤野七穂)

■注釈：

※①**斑鳩寺**［いかるがでら］……兵庫県揖保郡太子町鵤709に所在。寺伝では推古天皇14年(606年)、推古天皇から水田100町を賜った聖徳太子が大和国斑鳩宮よりこの地に下り、斑鳩荘と命名し

伽藍を営んだのが起源とされる。もと大和の法隆寺の別院だったが、現在は天台宗の寺となっている。

※②**突厥**［とっけつ］……6世紀に存在した中央ユーラシアの遊牧民国家。西突厥は突厥から分離した勢力で、聖徳太子はその西突厥から日本にやってきた渡来人だとする説がある。

※③**ムー大陸**……イギリス出身でアメリカ在住の実業家・作家ジェームズ・チャーチワードが1926年刊行の『失われたムー大陸』で提唱した、1万2000年前に太平洋に沈んだとされる幻の大陸。文明揺籃の地で高度な科学技術を有していたといわれるが、実在を示す証拠は一切見つかっていない。

※④**唐物箱入**……「唐物」とは中国その他からの舶来品を意味する。

※⑤**マテオ・リッチ**（1552～1610）……イタリア出身のイエズス会の宣教師。16世紀末に中国に渡り、明朝の万暦帝（ばんれきてい）の信頼を得て、ヨーロッパに中国の文化を紹介した。

※⑥**『三才図会』**［さんさいずえ］……明の学者・王圻（おうき）が編纂。万暦35（1607）年成立、106巻。寺島良安の『和漢三才図会』は本書を利用している。

※⑦**江戸時代初期頃から行われていた**……文献的には法隆寺の工匠・平政隆の建築技術書『愚子見記』（天和3年〈1683〉成立）や寺島良安の百科事典『和漢三才図会』（正徳2年〈1712〉成立・翌年刊行）に初見する。実際に用いられるようになったのはもう少し早いと思われる。

■**参考文献：**
東郷松郎「江戸時代の斑鳩寺」『人文論集』第3巻第1号（神戸商科大学学術研究会、1967年6月）
三神たける「【エソテリック・ジャパン】聖徳太子の地球儀」『ムー』第151号（1993年6月号）

久下正史「兵庫県揖保郡太子町斑鳩寺蔵『斑鳩寺常什物帳』翻刻」『日本文化論年報』第12号（神戸大学、２００９年３月）
吉野政治「五大州――鎖国時代の世界地理認識」『同志社女子大学学術研究年報』第60巻（同志社女子大学、２００９年12月）
リッチ マテオ、高橋由貴彦訳「マテオ・リッチ『坤輿萬國全圖』記事の全訳（上・下）」『海事史研究』第66・第67号（日本海事史学会、２００９年12月・２０１０年12月）
原田実「聖徳太子は超古代文明の地球儀を使っていた⁉」『トンデモ日本史の真相　人物伝承編』（文芸社文庫、２０１１年）
原田実「『聖徳太子の地球儀』の真実」『謎解き古代文明』（彩図社、２０１１年）
鮎沢信太郎『マテオ・リッチの世界図に関する史的研究――近世日本における世界地理知識の主流』（自家版、１９５４年）
太子町史編集委員会編『太子町史史料編』（太子町、１９７０年）
山田幸一『ものと人間の文化史45　壁』（法政大学出版局、１９８１年）
『描かれた龍野―絵図の世界―』（龍野市立歴史文化資料館、１９９１年）
海野一隆『東洋地理学史研究　日本篇』（清文堂出版、２００５年）
千田稔『地球儀の社会史――愛しくも、物憂げな球体』（ナカニシヤ出版、２００５年）
『斑鳩寺の大開帳―聖俗混沌・宝物公開の場―』（太子町立歴史資料館、２００８年）

怪奇現象FILE 40

【古代ローマ人が鋳造した!? 伝説の不蝕金属】

ドイツ・ボンの「錆びない鉄柱」

伝説

鉄がそのままではきわめて錆びやすく、朽ちやすい金属であることは周知の事実である。ところが古代の鉄柱の中には長年風雨にさらされ続けながら、錆びることも朽ちることもなく現存するものがある。特に有名なのはインドのデリー郊外、クトゥブ・ミナールという寺院にある5世紀頃の鉄柱だが、類似したものがドイツにもある。

かつて西ドイツの首都だったボン郊外の自然保護公園コッテンフォルストにはいつの時期に建てられたものかは定かではない高さ約1・5メートル、約15センチ四方の鉄製四角柱が建てられている。地元の人はその鉄柱を「鉄人」[※①]と呼ぶ。

その存在は古くは1625年の記録にすでに登場しており、当時は村落の境界を示すのに用いられていた。ところがその表面には風化による摩耗の跡こそあれ錆一つ浮かんでいないのである。

1976年にこの遺物を発掘調査したラインラント地方連合（LVR）発掘事務所の考古学者グラウエ・クラウス（1944年～）によると、珪素やマンガンなど、この柱を構成する鉄の不純物の組成は、中世以前、古代ローマにさかのぼる技法で作られたことを示すという。

また、この地域に残された古代ローマの水道跡はこの柱の位置で直角に曲がっている。つまり、この柱は中世に村落の境界に転用される以前から古代ローマ人が標識として用いていたと考えられるのである。

そうだとすれば、西ローマ帝国がこの地域を放棄する5世紀頃から1500年以上も風雨にさらされていたことになる。古代ローマ人がそれだけの歳月に耐えるような鉄を作ることができたとすれば、まさに驚異である。この鉄柱は我々の歴史常識を超えた科学技術で作られた「オーパーツ」、すなわち「場違いな遺物」の可能性がある。

また、この柱の全長は長く、ごくわずかな地上部分に比して地中部分は28メートルもある。なぜ、それほどの長さの鉄柱を作り、さらにそれを深く埋め戻さなければならなかったのか、謎は深まるばかりである。

ちなみにコッテンフォルストの鉄柱は現在では比較的マイナーなオーパーツだが、テレビアニメ[※②]『科学冒険隊タンサー5』（1979～80年）の第18話「電撃スパーク　コッテンホルストの鉄柱」で取り上げられたことがあり、当時は話題になっていたようだ。

左に立っているのがボンの鉄柱。外観はかなり地味である

真相

ボンの地元新聞の解説によるとグラウエ・クラウスの調査によって、現在では、鉄柱の高さは約1・2メートル、地中部分は1メートルほどで**柱の全長は2・18メートル**であることが判明しているという。

伝説で記した高さ約1・5メートルというのはきちんとした調査がなされていない時点の推測である。また、地中部分の深さを約2・7メートル（9フィート）とする説もあり、**地中部28メートル説はこの説に基づく資料を誤読したもの**と思われる。

コッテンフォルストの鉄柱が現在立っている地域は18世紀に庭園として整備されており、鉄柱もその時期に他の場所から移されてきたものである。した

1920 年代の鉄柱（左）と 1976 年の調査時の写真（※③）

がって現在の位置にある**古代ローマの水道跡とこの柱とは本来関係がない**。

　また、この柱の地中部分が28メートルもの深さまで伸びていたなら庭園を造った人々も、それを引き抜いて運ぶことや現在の場所に埋めなおすことを断念していたかもしれない。

　この鉄柱が文献に初めて登場するのは、伝説で触れた通り、17世紀前半。**1625年に村落の境界の目印として設置された**というのが最初だ。そうなると鉄柱は古代ローマ時代に作られたと考える必要はない。目印を設置する際、中世の人々が当時としてはいささか古風な技法で建造したと考えた方が妥当だろう。

　なお、この柱の錆を現在まで防いだ技法は、デ※④リーの鉄柱とは別のようである。

　コッテンフォルストの鉄柱は**銑鉄**《せんてつ》でできている。

銑鉄は溶鉱炉で鉄鉱石を還元する時に生じる鉄で、そのままでは脆くて使いにくいため、通常は鋼に加工したり、溶かして鋳物用の鋳鉄にしたりする。

ところが炉の中で銑鉄が冷えて塊が形成される時、**表面にスラグや酸化鉄（黒錆）の層が形成**されることがある。その層は内部に酸素が入るのを防ぐため、結果としてその鉄の塊は錆の進行から守られることになる。コッテンフォルストの鉄柱も製造中、表面にそうした錆止めの層が厚く形成され、そのおかげで現代まで残ることができたのだろう。

錆びない鉄柱を考える場合、盲点になりがちなのは、似たような鉄柱はいくつも作られていたであろうということである。しかし、そのほとんどは人為的に壊されたり、錆びて朽ち果ててしまったりして現代まで残らなかった。その中で条件に恵まれ、現代に残った事例だけがクローズアップされているわけである。

古代人や中世人が野ざらしで何百年も残る鉄製品を作ったということは、たしかに驚嘆すべき事実である。だが、そのことがただちにオーパーツの存在を肯定するわけではないことには注意が必要だ。

（原田実）

■注釈：
※①鉄人……ドイツ語の通称は「Eisernen Mann」、英語での通称は「The Iron Man Pillar」という。

※②『科学冒険隊タンサー5』……東京12チャンネル・日本サンライズ制作で1979年7月から80年3月まで放送されたテレビアニメ。1999年を舞台に古代遺跡や絶滅生物がらみで起こる怪事件を解決するため、少年少女が関連する時代にタイムトラベルするという内容。

※③画像の出典……「Der Eiserne Mann im Kottenforst」より。

※④デリーの鉄柱とは別……デリーの鉄柱の場合は、古代インドの鍛冶職人たちが工夫を重ねて「耐候性鋼（表面に保護錆の層を作り、錆びにくくした鋼）」を作り出していた可能性が高い。詳しくは『謎解き超常現象Ⅳ』（彩図社）での若島利和氏のレポートを参照。

■参考資料：

エーリッヒ・フォン・デニケン著、金森誠也訳『宇宙人の謎 人類を創った神々』（角川書店、1974年）

五島勉『宇宙人謎の遺産』（祥伝社、1975年）

中江克己『神々の足跡』（PHP研究所、1997年）

「Ancient-wisdom　Prehistoric Germany」（WEB）

「Greater Ansestors "Der Eiserne Mann"」（WEB）

「"Eiserner Mann im Kottenforst: Zum Wandertag: Er ist "blankgebützt" und rostet nicht」（WEB）

若島利和「『デリーの鉄柱』は超文明の産物」「『デリーの鉄柱』が錆びない理由」『謎解き超常現象Ⅳ』（彩図社、2015年所収）

怪奇現象 FILE 41

【日本人のルーツはユダヤ人だったことを示す重要証拠】

伊勢神宮の神鏡にヘブライ文字がある？

伝説

天皇家に伝わった「三種の神器」のひとつに「八《や》咫鏡《たのかがみ》」がある。

伊勢神宮（内宮《ないくう》）の奥所に納められ、天皇はおろか誰も見た人物はないままに1000年以上にわたって守り伝えられてきたといわれている。

それが明治時代になって初代文部大臣・森有禮《ありのり》[※①]がこの鏡を見たと主張した。それればかりではなく、なんと鏡の裏側にはヘブライ文字が刻まれていたとまで暴露したのである。そのため、森文相は暗殺されてしまった。

昭和に入って、キリスト教系のホーリネス教会を率いた中田重治《じゅうじ》[※②]は、尋ねてきた友人の左近義弼[※③]青山学院教授から重大な秘密を告げられたという。ヘブライ語の日本における権威であった左近が宮中にあった八咫鏡（といっても伊勢神宮の模造鏡）を調査したところ、裏側にはヘブライ文字で、「我は有りて在る者なり」と刻まれていたというのである。

　さらに中田と同じ頃だろうか。八咫鏡の裏側（以後、八咫鏡背《やたのかがみせ》）を写し取っていたという人物が現れる。※④神政龍神《しんせいりゅうじん》会という宗教結社を率いた元海軍大佐の矢野祐太郎《ゆうたろう》である。矢野は伊勢神宮宮司を口説き落とし、ひそかに八咫鏡から写し取っていたのだとされる。

　戦後まもなく「八咫鏡背のヘブライ文字」説が中田の教え子によって発表された。昭和28（1953）年1月26日には日猶《にちゆ》懇話《こんわ》会に出席した三笠宮《みかさのみや》がこれを調査すると発言したことが、英字新聞にスッパ抜かれた。さらに三笠宮には昭和55年になって、矢野が写し取っていた八咫鏡背の図も渡されたという。

　しかしその後、三笠宮のリアクションがないことから、「八咫鏡背へブライ文字説」は本当だったのではないかといった憶測がされてもいるが、ことの真相は未解明のままである。

pan Talk
dget Seen

okyo Eve. News
ese Government today to be of the ¥145,000,000,- for defense pur- 1953 draft budget l figure agreeable States and to be ng for indications overnment policy on.
growing tendency nment circles to iscussions will be- the two countries the earliest. This sen on the basis Eisenhower's in- ss which hinted cy toward the dis- Korean war.
son, the problems he strengthening fense program is paramount impor- e Japanese-Amer-

Prince Mikasa to Probe Sacred Mirror's Origin

By Hans E. Pringsheim

Prince Mikasa, youngest brother of Emperor Hirohito, yesterday undertook to probe a theory suggesting that one of the three sacred regalia of the Japanese Imperial Family may be of Jewish origin.

The Imperial Prince told a meeting of the Nippon-Israel Friendship League that he would check up on a statement, attributed to the late scholar Dr. Sakon, claiming that the sacred Imperial Mirror bears an inscription in Hebrew, reading "Eje asher eje," or "I am who I shall be."

Himself a scholar of Hebrew language and culture, the Prince showed deep interest in the story told about the Mirror, one of the three regalia which according to Japanese legend and history were given to the family until a scholar of Hebrew was shown it and deciphered it.

Prince Mikasa told Tokyo Evening News he did not expect that he could look at the mirror himself as even today the three regalia—mirror, jewel, and sword—were considered too sacred ever to be taken out of the innermost sanctum inside the Imperial Palace. He said he doubted that even Emperor Hirohito had ever seen the mirror, and believed that he would have to rely on Imperial Household reports, either written or oral, to make his investigation.

The Prince attended the Society's lecture and informal dinner meeting at the residence of Michael Kogan in Minato ward, formerly known as the Reuter House.

Introduced by K. Inuzuka, president of the Society, the

Van Fleet, who has an offensive against munists in Korea.
Gen. Collins said he to the Asiatic theater first hand what the ation was like."
He was met at Ha port by Gen. Mark United Nations comm U.S. Far East Air For
Gen. Collins said stay in Korea for a "f and would confer with Maxwell Taylor, suc Gen. Van Fleet, on back to the United S
Gen. Taylor is due in Tokyo on Thursday He will relieve Gen. early in February after the Korean warfront f

Van Fleet Spe

Kyodo-AP
SEOUL, Jan. 26—Ge A. Van Fleet believes Korean army could be within 12 months to entire battlefront—if th Nations decide to stay present battleline.
The retiring 8th Ar mander said last nigh

三笠宮の発言が載った「東京イブニングニュース」

真相

●森有禮の暗殺は「八咫鏡背のヘブライ文字」説とは無関係

日本人とユダヤ人とが先祖を同じくするというのが日猶同祖論である。

一口に日猶同祖論といってもいろいろな立場があるのだが、伊勢神宮のご神体である八咫鏡背にヘブライ文字が鋳込まれているという説（以下「八咫鏡背のヘブライ文字」説）は、そのなかでもとくにマニアックな傍証のひとつである。この説がいつから始まったのか、はっきりしたことはわからない。ただ、その最初のエピソードとして紹介されるのが森有禮の暗殺事件であり、少なくとも明治時代には知られていたと主張されているようだ。

森有禮（国立国会図書館蔵）

たしかに明治22（１８８９）年2月11日、森有禮が凶漢に襲われ、翌日絶命したことは事実である。大日本帝国憲法発布という盛儀の朝、山口県・萩の神職の息子だった西《にし》野文太郎《のぶんたろう》が大臣襲撃計画ありと森文部大臣官邸へ注進に押しかけてきた。西野は、たまたま式典参列のため2階から

中田重治
（米田勇『中田重治伝』より）

下りてきた大礼服姿の森の右腹部を持参した出刃包丁で深く抉《えぐ》ったのである。

その殺害動機が、前年の明治21年に森が伊勢神宮に上がり込んで安置されていた神鏡《しんきょう》（八咫鏡）裏を見て、ヘブライ文字の秘密を暴露したためだというのだが、これは**調べればすぐに間違いだとわかる**。

犯人の西野はその場で斬殺されたが、「斬奸《ざんかん》趣意書」を懐中にしており、そこには明治21年に伊勢神宮に参詣した森が土足で神殿に上がり、杖（ステッキ）で御簾《みす》（すだれ）を持ち上げて奥をのぞき、拝礼もしないで退出するなど非礼があったので凶行に及んだと動機を述べている。**ヘブライ文字などは一切出てこない**のである。

そもそも御神体であった神鏡（八咫鏡）は伊勢神宮の内宮奥深くに何重にもなった容器に納められ安置されているものであって、外宮には置かれていない。内宮に行っていない森には、たとえ**八咫鏡を見ようと思っても不可能だった**のである。

●「八咫鏡背のヘブライ文字」説の始まりと信憑性

「八咫鏡背のヘブライ文字」説の事実上の起源が※⑤きよめ教会の機関紙『きよめの友』にある

ことはすでに指摘されている。その『きよめの友』昭和23年5月10日発行号に牧師の生田目《いくため》俊造《しゅんぞう》が「神秘日本」を発表したのに始まるのである。

冗長なのでかいつまんで紹介すると次のような内容である。

——ある日、「恩師夫人（中田夫人＝引用者注）」がいつになく厳粛な面持ちで、「いまから語ることは口にしても筆にしてはならない」と断ったうえで、昨日、A学院のS博士が聖書学院に突然来校した話を語りだした。宮中のやんごとなきところに古来神体とされている鏡があり、その裏面に刻まれていた模様と思われていたものが、じつはヘブル文字（ヘブライ文字＝引用者註）であることが明らかとなった。ヘブル語の権威者として召されたS博士が、極秘裏に示された写しを見ると、まさしくヘブル語であり**「我は有りて在る者なり」**と解読し、『旧約聖書』出埃及記《しゅつえじぷとき》3章14節の一節が刻まれていることが判明したのだ。写真撮影はおろか口外も禁じられて退出したものの、S博士は知人で「ユダヤ人問題研究家として令名ある」中田重治にだけは、早速この驚愕すべき秘密を打ち明けてしまった。中田は信仰の子である「我等」にだけ、この話を伝えられた。

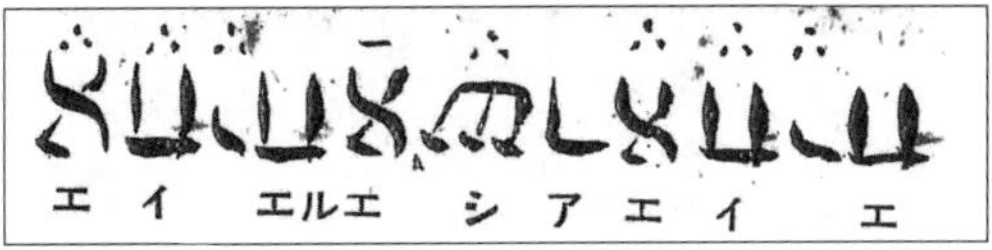

「我は有りて在る者なり」のヘブライ文字表記（『新世紀』より）

数年後には、「A学院のS博士」が青山学院教授の左近義弼であることも明かされることになるが、生田目報告には疑問点が多すぎる。そもそも**誰が宮中賢所《かしこどころ》にあった秘蔵の八咫鏡を見てヘブル語だと判断し、**その道の権威者である左近博士を外部から呼んだのだろうか？　左近博士も、中田夫妻も口が軽すぎないか？

昭和34年12月10日発行『きよめの友』には、やはりきよめ教会の牧師・宮原忠が「日本の神様」を寄稿している。前衛考古学評論家の武内裕氏によれば、「中田重治師と博士（左近義弼＝引用者注）が友人だったので、その事を聞いた師が、昭和六年頃内証に聖書学院生であった我々に話してくれたからです」と述べたという。生田目も同じころに聞いたとすれば、恩師夫人とは後妻の中田あやめ（旧姓・今井）だったと推測できるが（あやめは中田と同年の昭和8年没）、当事者3人（左近・中田・同夫人）の**死後に、事実を確認できなくなってから公表されている**のも信憑性を疑わせるものである。

●広まった「八咫鏡背のヘブライ文字」説と三笠宮

この記事は一宗教団体の機関紙に掲載されたもので、細部にも疑問が多いにもかかわらず、日猶同祖論者たちに注目され、拡散されていく。

そうしたなかの昭和28年1月25日、港区のユダヤ人[※⑥]ミハエル・コーガンの私邸で[※⑦]「日猶懇話会」が開催された。日猶懇話会には中田没後のきよめ教会の統師者・尾崎喬一《おざききょういち》、宮原忠

【図1】

【図2】

【図3】

【図1】伊勢神宮に祭られる八咫鏡の写し（『〔超図解〕竹内文書Ⅱ』）、【図2】伊勢神鏡の裏面（『日本のキリスト伝説』）、【図3】八咫鏡図（『オカルト時代』第2巻第3号）

も関係していた。当日も尾崎は出席しており（宮原の出席があったかは不明）、**「八咫鏡背のヘブライ文字」説が登場すること自体は不思議でもなんでもない。**むしろ、三笠宮の出席は**会のプロパガンダに使われた可能性が高い**と思われる。『東京イブニングニュース』の支局長ハンス・E・エブリングシャイムが出席したのも、事前に三笠宮の臨席を知っていたからだろう。三笠宮はそうした思惑を知らず、会に参加し、『東京イブニングニュース』に[※8]コメントを取られてしまったものと思われる。あるいは、記事になるようにとの三笠宮のリップサービスだったのかもしれない。

●八咫鏡写しの真実

この三笠宮には後日談があって、神政龍神会を主宰した矢野祐太郎が写していた八咫鏡の図を渡されている（【図1】）。高坂《こうさか》和導《わどう》が平成7（1995）年になって、『〔超図解〕竹内文書Ⅱ』で発表したもので、長らく神政龍神会のトップシークレットだったものが、神示により昭和54年12月高坂に託され、神示で指定された翌年1月8日、仲《なか》山順一《やまじゅんいち》（元皇宮警察署署長）の仲介で三笠宮に渡すことができたというのだ。

しかし、同様の図はすでに武内裕『**日本のキリスト伝説**』（昭和51年）に載っている（【図2】）。図の出所をぼかした武内氏は、翌年にも「八咫鏡のヘブライ文字の謎」で再論し、また同じような図を掲載している（【図3】）。こんどは出所について「『阿倍文献』の所有者である故阿倍正人翁※⑨および元皇族一名がからんでいる」と語っている。出所を別とすれば、いずれも同系の図にしか見えず、**神政龍神会の神示以前の段階で出回っていたことは明らか**なのである。

それではこの図の実体は何だろうか？　これについては、天津教《あまつ》（皇祖皇太神宮）67代管長・竹内義宮《よしみや》のインタビュー記事「日本と聖書の因縁」（『奉仕経済新報』昭和43年8月1日）が参考になる。竹内によると、八咫鏡背にあるのは高皇産霊《たかみむすび》天皇（皇統第10代）が造った**「ヒフ文字」**でヘブライに輸出されたものであり、「八咫の鏡がユダヤ製など全くのナンセンス」だと述べている。さらに和歌が刻まれているのだといって解読文※⑩まで披露している。

写しを採ったとされる当の矢野自身も、八咫鏡の文字をやはり「ヒフ文字」という神代文字としてつぎのように解読したという（前掲『[超図解] 竹内文書Ⅱ』）。

あまひかみきおらかかみに
たまつるきひとりすみらよかけるもなく
われおなるかし

天津教関係者がいずれも図の公表以前に解読していた事実は、この**八咫鏡背図の出所が竹内家**であることを物語っているのではないだろうか。矢野は昭和8年に結成された天津教の外郭団体「神宝奉賛会」の会長であった。当然、竹内家の「八咫鏡」を知っていただろう。当時、竹内関係者は皇祖皇太神宮のことをたんに「神宮」と呼んでおり、一般に「神宮」と言えば「伊勢神宮」を指すところから、伝来の過程で伊勢神宮と混同されてしまったか意図的に混同させた可能性が高いものと思われる。

以上のように「八咫鏡背のヘブライ文字」説は、どれも信憑性の薄いものであるといわざるをえないのである。

（藤野七穂）

■**注釈：**

※①**森有禮**（1847〜1889）……鹿児島出身の外交官・政治家。明治18年、第一次伊藤内閣で初代文部大臣に就任。教育制度の確立に尽力したが、明治22年凶刃に斃れた。

※②**中田重治**（1870〜1939）……宗教家・神学者。創始者のひとりとしてプロテスタント系の日本ホーリネス教会を立ち上げる。日猶同祖論を唱えた『聖書より見たる日本』（昭和8年）で知られる。

※③**左近義弼**［さこん・よしすけ］（1865〜1944）……聖書学者・聖書翻訳者。明治23年に渡米してキリスト教に入信。ドルー神学校などで学び、同39年に帰国。翌年秋から青山学院神学部教授に就任し、昭和12年まで聖書語学・旧約学を講じた。

※④**矢野祐太郎**（1881〜1938）……海軍軍人・宗教家。大正6年、大本に入信。昭和9年、神政龍神会を設立し、神政復古の霊的計画を発動したが、昭和11年不敬罪で検挙され、獄中死した。

※⑤**きよめ教会**……日本ホーリネス教会が分裂してできた中田重治系の教団であり、戦中一時解散し戦後に再建された。詳しくは、『ホーリネス・バンドの軌跡』（ホーリネス・バンド弾圧史刊行会、1983年）等を参照のこと。

※⑥**ミハエル・コーガン**（1920〜1984）……ウクライナのオデッサ生まれでロシア革命を避けて満洲に移住。大連特務機関の安江仙弘大佐と知り合い親日家となり、一時日本に留学してハルビンで貿易商を営んだ。戦後再来日し太東洋行（のちのタイトー）を創業。

※⑦**日猶懇話会**……戦後大阪にできた日猶協会を起源とし、昭和27年に発足した日本・イスラエル文化の交流と研究に重点をおく親睦団体。

※⑧**ニュースに掲載された三笠宮のコメント**……「自分で問題の鏡を見ることはできない。なぜならば今日でも、三種の神器——鏡・玉と剣——は皇居内の奥深い聖所から取り出すには、あまりに恐れ多いと考えられており、おそらく裕仁天皇も鏡をご覧になったことはないのではないか。自分としては、

宮内庁の記述かなんらかの報告を基礎にして調査書を作成したいと考えている」

※⑨**阿倍正人**……正しくは安部正人（1875〜1969）のこと。山岡鉄舟の門人を称し、鉄舟らの言行録出版で知られているが、「八咫鏡背のヘブライ文字」説に関係あるとの話は他では聞かない。

※⑩**竹内義宮の解読**……竹内義宮は「あめひつぎ、きよしかがみに／たまつるぎ、ひとりすめらよ／われをなるかし」と解読しているが、図に比べるとなぜか7文字少ない。

■参考文献：

「神鏡の裏面に謎のヘブライ文字 左近博士鑑定の秘密公表」『新世紀』第213号（新世紀社、1958年3月）

竹内義宮「日本と聖書の因縁」『奉仕経済新報』（奉仕経済新報社、1968年8月1日付）

武内裕「八咫鏡のヘブライ文字の謎」『オカルト時代』第2巻第3号（みのり書房、1977年3月）

定平元四良「森有禮の宗教観」『関西学院大学社会学部紀要』第40号（関西学院大学社会学部、1980年3月）

久保有政「八咫鏡（やたのかがみ）にヘブル文字?-」『レムナント』第99号（レムナント出版、1997年10月）

三村三郎『ユダヤ問題と裏返して見た日本歴史』（日猶関係研究会、1953年）

米田勇『中田重治伝』（中田重治伝刊行会、1959年）

岡本天明『日本民族とユダヤ民族』（自家謄写版、1960年）

都築七郎『政教社の人びと』（行政通信社、1974年）

マーヴィン・トケイヤー『ユダヤと日本　謎の古代史』（産能大学出版部、1975年）

武内裕『日本のキリスト伝説』（大陸書房、1976年）

執筆者紹介

（50音順）

◉ＡＳＩＯＳ（アシオス）

２００７年に発足した超常現象などを懐疑的に調査していく団体。団体名は「Association for Skeptical Investigation of Supernatural」（超常現象の懐疑的調査のための会）の略。超常現象の話題が好きで、事実や真相に強い興味があり、手間をかけた調査を行える少数の人材によって構成されている。主な著書に『謎解き超常現象Ⅰ〜Ⅳ』『ＵＦＯ事件クロニクル』『ＵＭＡ事件クロニクル』（彩図社）、『昭和・平成オカルト研究読本』（サイゾー）などがある。公式サイトは https://www.asios.org/

●秋月朗芳（あきづき・ろうほう）

１９６８年埼玉県生まれ。生業のＷＥＢプログラマの傍ら、ＵＦＯや超常現象マニアを集めた『Ｓｐファイル友の会（http://sp-file.oops.jp）』を発足、日本のＡ・Ｋ・ベンダーを目指す。その後ＡＳＩＯＳに入会。ハンドルネームは「ペンパル募集」。ウンモ事件に興味を持ち、宇宙人ユミットからの手紙を待ち続けていることがハンドルネームの由来。だが、当然の事ながら手紙は届いていない。

●蒲田典弘（かまた・のりひろ）

ロズウェル事件研究家を自称する懐疑論者。ビリーバー（信奉者）として超常現象を調べていくうちに、懐疑論者に転向した。青少年に懐疑的な考え方を身につけてもらおうという、ジュニア・スケプティック活動にも興味がある。ＡＳＩＯＳ運営委員。共著に『これってホントに科学？』『ホントにあるの？　ホントにいるの？』（かもがわ出版）などがある。

●加門正一（かもん・しょういち）

国立大学名誉教授。専門は光シミュレーション工学。専門学会で研究会委員長。論文編集委員等を歴任。電子情報通信学会フェロー。大学では専門科目の研究教育の外に教養科目で懐疑思考（Skeptical Thinking）を講義。その教材収集として超常現象の科学的調査にもいそしんだ。著書『江戸「うつろ舟」ミステリー』（楽工社）、共著『トンデモ超常現象56の真相』（楽工社）、『新・トンデモ超常現象60の真相』（彩図社）などがある。

●寺薗淳也（てらその・じゅんや）

１９６７年東京都生まれ。名古屋大学卒、東京大学大学院博士課程中退。宇宙航空研究開発機構、（財）日本宇宙フォーラムを経て、現在会津大学企画運営室（兼）先端情報科学研究センター准教授。惑星科学、情報科学が専門。また、月・惑星探査の情報サイト「月探査情報ステーション」（http://moonstation.jp）の編集長。著書・訳書に『最新・月の科学』（ＮＨＫ出版・共著）、『イケナイ宇宙学』（楽工社、共訳）、『惑星探査入門』（朝日新聞出版）など。ラーメンの食べ歩きとねこが趣味。

●ナカイサヤカ（なかい・さやか）

１９５９年生まれ。慶応大学大学院修士課程を考古学で修了後、発掘調査員を経て現在は翻訳者／通訳。ＡＳＩＯＳでは主に翻訳を担当する。翻訳書：『代替医療の光と闇』（地人書館）、『世界恐怖図鑑』、『探し絵ツアー　1～9』（いずれも文溪堂）、『超常現象を科学にした男』（紀伊國屋書店）など。最近は女性の常識となってしまっている怪しい話に取り組んでいる。

●羽仁礼（はに・れい）

１９５７年広島県生まれ。ＡＳＩＯＳ創設会員。ＰＳＩ（一般社団法人潜在科学研究所）主任研究員。著書に『超常現象大事典』（成甲書房）、『図解近代魔術』、『図解西洋占星術』（新紀元社）他がある。

●原田実（はらだ・みのる）

１９６１年広島市生まれ。古代史・偽史研究家。と学会会員。著書『トンデモ偽史の世界』（楽工社）、『日本の神々をサブカル世界に大追跡』（ビイング・ネット・プレス）、『もののけの正体』（新潮新書）、『トンデモ日本史の真相・史跡お宝編』、『トンデモ日本史の真相・人物伝承編』（文芸社文庫）、『つくられる古代史』（新人物往来社）、『江戸しぐさの正体』（星海社新書）他。ホームページ「原田実の幻想研究室」（http://douji.sakura.ne.jp/）

●藤野七穂（ふじの・なほ）
1962年生まれ。偽史ウォッチャー。J・チャーチワード愛好家。『上津文』『竹内文献』『宮下文献』をはじめとする「偽史」の流布・受容論をフィールドとする。共著に『歴史を変えた偽書』（ジャパンミックス）、『検証 陰謀論はどこまで真実か』（文芸社）、『謎解き古代文明』（彩図社）、『昭和・平成オカルト研究読本』（サイゾー）。論稿に「現伝〝和田家文書〟の史料的価値について」「『偽書』銘々伝」「『古史古伝』未解決の噂」など。現在、連載稿『偽史源流行』の単行本化のため鋭意筆入れ中。

●本城達也（ほんじょう・たつや）
1979年生まれ。ウェブサイト「超常現象の謎解き」（https://www.nazotoki.com/）の運営者。2005年より超常現象の各ジャンルの個別事例を取り上げ、その謎解きを行っていくサイトを運営。2007年からはASIOSの発起人としてその代表も務める。最近は『ムー』公認の「オカルトかるた」（UFO・宇宙人編を含む）を買って楽しんでいる。

●皆神龍太郎（みなかみ・りゅうたろう）
1958年生まれ。疑似科学ウォッチャー。超常現象やニセ科学と呼ばれるものの事実について、調査、発表するのが趣味。近著に『iPadでつくる「究極の電子書斎」蔵書はすべてデジタル化しなさい！』（講談社プラスアルファ新書）。『検証 陰謀論はどこまで真実か』（文芸社）、『トンデモ超能力入門』（楽工社）、『謎解き超常現象』シリーズ（彩図社）など著書、共著多数。

●山本弘（やまもと・ひろし）
1956年生まれ。SF作家。主な作品に『神は沈黙せず』『アイの物語』『詩羽のいる街』（以上、角川書店）、

『ＭＭ９』（東京創元社）、『地球移動作戦』（早川書房）、『去年はいい年になるだろう』（ＰＨＰ）など。他にも子供向けのスケプティック本『超能力番組を10倍楽しむ本』、『ニセ科学を10倍楽しむ本』（以上、楽工社）を出している。ホームページ「山本弘のＳＦ秘密基地」（http://kokorohaitsumo15sai.la.coocan.jp/）

●横山雅司（よこやま・まさし）

イラストレーター、ライター、漫画原作者。ＡＳＩＯＳではＵＭＡ担当。イヌ派かネコ派か聞かれると、自分の中では同じ肉食性哺乳類で同じカテゴリーなので返答に困る動物オタク。『極限世界のいきものたち』、『憧れの「野生動物」飼育読本』『激突！　世界の名戦車ファイル』（いずれも彩図社）好評発売中。

●若島利和（わかしま・としかず）

ＡＳＩＯＳ創立時副会長、２００９年から客員に移行。個人サイト「懐疑論者の祈り」を運営。２０１１年に重篤な若年性脳梗塞で入院後、奇跡的なレベルで回復したが半隠居中。現在、ＡＳＩＯＳの羽仁、本城、若島美穂が所属するＰＳＩ（一般社団法人潜在科学研究所）の事務局長を務め、超常現象とされる主張の信頼度を査定し、国内外の関連情報を収集整理している。

■ **著者紹介**
ASIOS（アシオス）
2007年に発足した超常現象などを懐疑的に調査していく団体。団体名は「Association for Skeptical Investigation of Supernatural」（超常現象の懐疑的調査のための会）の略。超常現象の話題が好きで、事実や真相に強い興味があり、手間をかけた調査を行える少数の人材によって構成されている。主な著書に『謎解き超常現象Ⅰ～Ⅳ』『ＵＦＯ事件クロニクル』『ＵＭＡ事件クロニクル』（彩図社）、『昭和・平成オカルト研究読本』（サイゾー）などがある。
公式サイトは https://www.asios.org/

「新」怪奇現象41の真相

2020年7月9日 第1刷

著　者　ASIOS

発行人　山田有司

発行所　株式会社　彩図社
東京都豊島区南大塚 3-24-4
ＭＴビル　〒170-0005
TEL:03-5985-8213　FAX:03-5985-8224
https://www.saiz.co.jp
https://twitter.com/saiz_sha

印刷所　新灯印刷株式会社

ISBN978-4-8013-0464-2 C0176
乱丁・落丁本はお取替えいたします。（定価はカバーに記してあります）